舵手汇
www.duoshou108.com
聪明投资者沟通的桥梁

日本蜡烛图技术

传统投资术的现代教程

【美】史蒂夫·尼森　著

陈火金　李　曼　译

山西出版传媒集团
山西人民出版社

图书在版编目(CIP)数据

日本蜡烛图技术：传统投资术的现代教程／（美）史蒂夫·尼森著；陈火金，李曼译．--太原：山西人民出版社，2017.5

ISBN 978-7-203-09463-0

Ⅰ．①日… Ⅱ．①史… ②陈… ③李… Ⅲ．①股票投资-教材 Ⅳ．①F830.91

中国版本图书馆 CIP 数据核字（2016）第 237445 号
著作权合同登记号　图字：04-2016-044

日本蜡烛图技术：传统投资术的现代教程

著　　者：	（美）史蒂夫·尼森
译　　者：	陈火金　李　曼
责任编辑：	席　青
出 版 者：	山西出版传媒集团·山西人民出版社
地　　址：	太原市建设南路 21 号
邮　　编：	030012
发行营销：	0351-4922220　4955996　4956039　4922127（传真）
天猫官网：	http://sxrmcbs.tmall.com　电话：0351-4922159
E - mail ：	sxskcb@163.com　发行部
	sxskcb@126.com　总编室
网　　址：	www.sxskcb.com
经 销 者：	山西出版传媒集团·山西人民出版社
承 印 者：	大厂回族自治县德诚印务有限公司
开　　本：	710mm×1000mm　1/16
印　　张：	16
字　　数：	180 千字
印　　数：	1-5000 册
版　　次：	2017 年 5 月　第 1 版
印　　次：	2017 年 5 月　第 1 次印刷
书　　号：	ISBN 978-7-203-09463-0
定　　价：	46.00 元

如有印装质量问题请与本社联系调换

推荐序

您所拥有的不只是一本书。"地图只是标明旅途的路线",但是本书的价值远不止字面本身,其魅力在于,您拥有这样一本书,就等于具备了完整的教育经历。我们随同本书的作者及所有合作者,致力于寻找在现实世界如何运用这些技术的新信息。这次劳动的成果就是这个包含对当今市场有用信息的教育套装。做做练习,研究图表:**完全免费**。结合网络上资源使用这本书,来充分运用您手里的资料。

如果您诚心要学习交易技巧,很可能已经为参加讲座和交易展销会花费不菲。经过所有奔波、辛苦、金钱和时差颠倒的付出,您还得把几乎都很复杂的理论和策略融会贯通。回想一下您上次参加讲座的内容可能会发现,您对某个术语问题或某些概念仍然不明白,想有机会更深入、透彻地了解。

很多人都如此。大多数的听众都是从冗长昂贵的讲座里获得一知半解,随手记录的几页笔记会漏掉很多关键细节。对那些天生好记性,能记住图表的人来说，看图听讲座可能没问题，但对我们大多数人来说，既有文字资料还能有图像说明，才是掌握相关知识的金钥匙。

　　本书就想交给您这把金钥匙。15年来，我们的最终目标就是给交易商提供最直接而实用的信息，使他们能以此在市场上所向披靡。

　　必须承认，学会如何交易需要时间和努力。学会看懂图表、找出信号、认出形态，只是万里长征的第一步。实际上，技术的娴熟程度和对本行业的感悟，会决定未来您在市场上的资金收益成效。

　　这个互动教育套装是为您量身定做的，是您掌握这门策略所需的诀窍，并最终帮助您实现自己的经济梦想。

　　我们一如既往祝您获得巨大成功。

丛书总裁和所有人
克里斯·迈尔斯

认识史蒂夫·尼森

史蒂夫·尼森是向日本之外的世界各国揭示日本K线图分析秘密的首批专家之一，堪称西半球在此专题上的首位权威。他还有两本书在国际上广受好评，成为畅销书：《股票K线战法》和《阴线阳线》。

全球的金融媒体都发表或出版过史蒂夫·尼森的著作，包括《华尔街日报》《值得》和《机构投资者》。史蒂夫·尼森还是位广受欢迎的演讲家，他向全球做市商、分析师、机构交易商和活跃的线上交易商介绍他的交易策略。1997年他成立了尼森调查国际，提供定制的技术咨询以及现场、网络讲座服务。在此之前，史蒂夫·尼森是大和证券的高级副总裁，并在美林证券担任过高级技术分析师。

本书的图表由阿斯本图片公司（www.aspenres.com）和指数实时速递提供。如果您访问网站（www.quicken.com/quickenquoteslive），可以获取更多指数实时速递及其图表服务的信息。

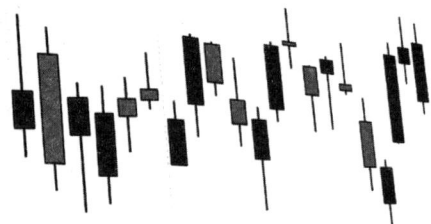

前言

日本有句谚语:"狡猾的鹰总是藏起它的爪子。"100多年来,日本技术分析和K线图的爪子对西方讳莫如深。我很高兴能帮助您们揭开这些东方的秘密。简而言之,K线图变革了技术分析,现在已经成为全球最受关注的图表形式。《华尔街日报》称:"日本的K线图为交易商指点迷津。"投资者书房认可:"无论您进行日交易还是持仓,K线图必不可少。"

顺便说明一下,钟爱K线图分析的不只是媒体。我的书近几年销量倍增,就是因为数以万计的交易商认识到了K线图。成百上千的金融出版社和网站也发现了K线图。一天我用指数实时速递查数据时,我10岁的儿子问我:"他们有K线图吗?"我说:"有。"他接着说:"爸爸,要不是您,就没有K线图。"

话当然不能这么说,我出生前几百年日本就开发了K线图分析。但我也对儿子的美言甚为享受。的确,我开始著书介绍这些神奇的分析工具之前,西方对此完全一无所知。想想:1900年前后,西方的传统图表仅限于竹线图和点数图。我将K线图引入西方时，已经到了20世纪90年代后期。今天，K线图已经成为最流行的基础图表技术，我想这一点就表明了它们的价值。

我估计K线图会成为您技术分析工具里不可缺少的一员。大家都认可技术的重要性。技术分析是衡量市场情绪状态的唯一途径。价格有两个部分构成：理智的和情绪的。您目睹过多少次基本面毫无变化而市场依然变化的情况出现？投资的期限越长，基本面就越重要。但如果期限较短，技术的重要性就凸显出来。衡量情绪如何影响价格的唯一途径就是通过研究市场运动，也就是说研究图表找到价格形态和信号。基本面衡量投资决策的理智部分，但它们无法反映因为情绪或心理引起的价格短期变化。20世纪90年代初期以来就声名远扬的交易商杰西·利莫维尔说过，人性是永远不变的，资金量在变，技术在变，但市场永远都不变。为什么会这样呢？因为推动市场的是人类的情绪，不是理智、不是经济状况，当然也不是逻辑。

举个例子说明一下。回溯到20世纪90年代的芝加哥商品交易所，当时，黄豆的价格因为黄豆种植区发生干旱而大涨。某天，芝加哥突然有几滴雨珠顺着窗户滑落下来。"看"，有人喊，"下雨了。"雨滴接着变成了雨线，然后又变成漂泊大雨，芝加哥市区下雨了。黄豆价格随之开始慢慢下跌，然后就势不可挡。芝加哥下雨是没错，但芝加哥可没人种黄豆呀。向南约480多公里的黄豆种植中心带的天空却万里无云、艳阳高照。这就是问题的关键。即使黄豆种植区没下雨，但交易商认为下雨了，有此足以。对交易商来说，能对市场发生作用的因素就是重要因素。操纵游戏的是情绪，衡量市场情绪因素的唯一办法就是技术。

K线图能让您洞察市场心理。即使您专注基本面进行价值投资时也能用到技术的另一个作用。有几个公司可选，您会买入哪一个？如果您想减仓，您会卖哪个？您会抛售处于压力区的股票。因此，在我看来，这就好

前　言

像是右手帮助左手，技术派补充基本面派。而且因为很多交易商和投资人现在使用图表，图表本身已经在很大程度上影响市场运行。任何影响市场变动的因素都值得监控。

这一概念并无新意。我曾让人翻译过一本书，叫作《黄金泉——三猿金钱录》。是不是有意思的书名？这本书称："大家都看空的时候，价格就有涨的缘由；大家都看多的时候，价格就有跌的缘由。"听起来像什么？反向投资。这本书是1755年写的，从时间上来看，美国还没成立呢，日本人就运用了反向投资观念。实际上，日本人交易的是"空白"大米合同，也就是早起的期货合同，图表就从这里起源。合同交易在大阪进行，大阪是非常重要的交易区，至今的传统问候语是："赚着没？"

《日本经济日报》上有一篇介绍我著作的文章，该文章称："了解日本图表还不够，还必须知道最好的西方技术。"日本人有了K线图，但他们还知道所有的西方技术方法。日本分析师和交易商不但用他们的K线图——东方技术，而且他们同时还在用西方技术。现在轮到我们向他们学习，把我所说的东西方精华结合起来。

目 录

第1章 基础：K线图的构成 / 1

第2章 小实体和长节 / 13

第3章 影线分析 / 37

第4章 流星线和风高浪大线 / 57

第5章 吞没形态 / 75

第6章 其他双线形态 / 91

第7章 孕线形态和晨星、黄昏星形态 / 107

第8章 看透窗口 / 127

第9章 神秘的支撑和压力 / 147

第10章 支撑和压力的其他含义 / 163

第11章 百分比回撤和摆荡指标 / 183

第12章 头肩线分析 / 199

第13章 K线环境 / 217

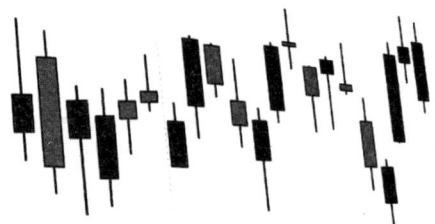

第1章

基础：K线图的构成

我公司有一个独有的策略，叫做交易三元素。我把交易比作三条腿的凳子，如果拿掉一条腿会怎么样？凳子就倒了。交易三元素也是这样，请看图1-1。

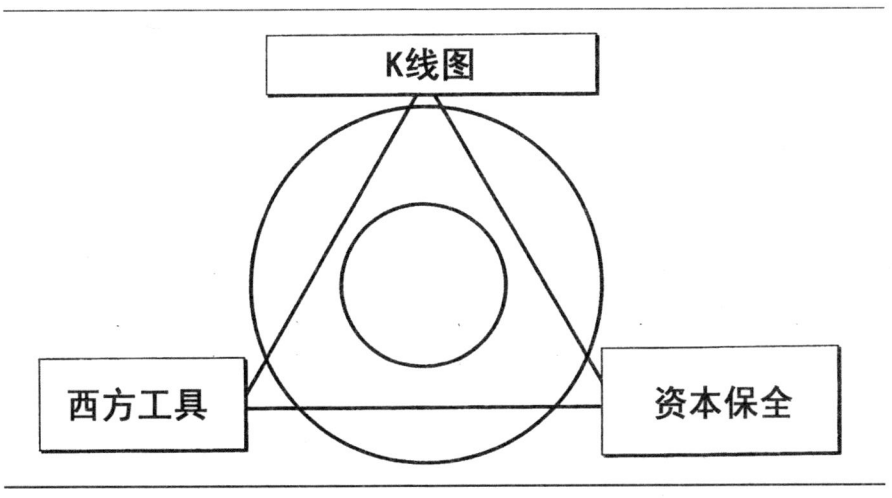

图1-1　交易三元素

第一条腿是K线图的基本知识。构成K线图的每条价格线、形态和趋势如何演变而被大家认可，这些因素是揭示市场的动力。第二条腿是西方技术。我认为K线图不能替代西方技术，也不能替代西方传统的竹线图。西方技术同样需要四个价格因素：开盘价、最高价、最低价和收盘价，这些价格结合趋势线和移动平均线研究时更有价值。第三条腿是研究这些信息如何发挥作用，进而降低风险，提高投资资金的保值能力。

你可能听说过"水能载舟亦能覆舟"。这个道理适用很多地方，包括你如何使用K线图。这些都是确定时机的工具，但还远不止如此。你还可以用K线图管理和降低风险，决定投资组合时，K线图能提供更多信息。这才是发掘K线图的真正价值。

K线图形态可以提供非常精确的转向点或反转点，其表现形式有很多：单个K线图、两线组合形态、三线组合形态。在竹线图里发现反转，需要跟踪很长时间的趋势线或寻找常用的技术信号，如大家熟悉的头肩线。K线图形态在反转未发生时就能提供明显的信号。虽然如此，大家还是要记住，大盘的技术形态和趋势远比任何单个的K线图有意义。

例如，你可能会发现非常清晰的K线图形态，但等形态形成再采取行动，可能为时已晚。要记住无论研究什么市场，都可以用K线图提高交易的择机精确度，这很重要。任何时间、任何市场都是如此。

图1-2是典型的竹线图。复习这一点时记住，K线图的构成条件和竹线图完全一样。所以我用这张竹线图的数据画出了图1-3的K线图。

第1章 基础：K线图的构成

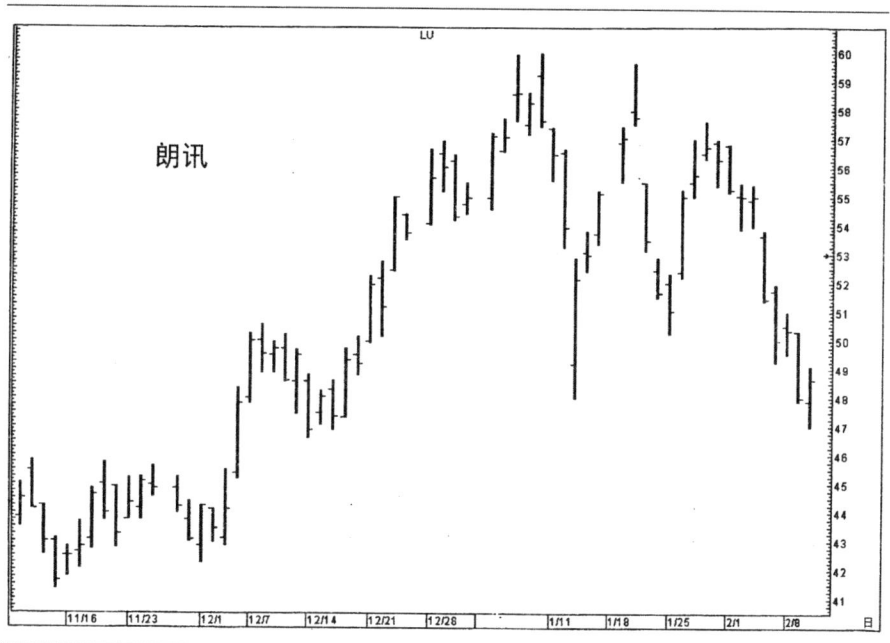

图1-2 竹线图

图1-3 K线图

竹线图，也叫作 OHLC 图，是简洁的价格图，用垂直线或柱形表示一天的交易幅度，开盘价向左突出，收盘价向右突出。

K 线

K 线图不仅包括了竹线图表示的信息，而且又加了第三个维度。竹线图的直线被长方形代替，用以表示交易的范围，其上和下又分别加了延长线，因此长方形的高度与竹线图的一样。新的维度在于一些 K 线图的长方形是白色，而另一些是黑色的。出现白色长方形的这一天价格就上涨（收盘价高于开盘价），黑色长方形出现时表示价格下跌（收盘价低于开盘价）。

K 线图，是表明当天交易幅度的形式。白色长方形表示价格上涨，黑色长方形表示价格下跌，长方形的上线和下线分别表示开盘价和收盘价。

"蜡烛"，顾名思义，是指长方形的上面或下面（或上面和下面）会出现"灯芯"。K 线图的每一部分都有各自的名称加以描述。长方形（黑色或白色）叫作实体，其上线和下线分别代表开盘价和收盘价。

实体，是 K 线的长方形，其上下线是开盘价和收盘价，此幅度之外的价格均不显示。

长方形上面的延伸线叫上影线，下面的延伸线叫下影线。例如，如果开盘价是32.10美元，收盘价是34.00美元，实体的高度就是1.90美元。但如果在这天内，价格有可能上涨到每股35美元，下跌到每股32美元，这样就有了上下影线。

上影线，表示一节的价格幅度超过了开盘价和收盘价的价格范围，达到了当日的最高价。

下影线，表示一节的价格幅度超过了开盘价和收盘价的价格范围，达到了当日的最低价。

曾在美国全国广播公司财经频道担任谈话节目主持人的约翰·墨菲告诉过我，有位观众打来电话问了一个问题："那些看起来像热狗的图是什么东西？"我有一时想着就叫"热狗图"来吸引美国人，想想还是放弃了，但这至少说明这些图表在西方还是相对陌生的。

不管你认为这是蜡烛也好，热狗也好，都涉及许多新术语。在有效使用K线图前，掌握这些术语很重要。例如，开盘价和收盘价相同或非常接近时叫什么？叫作十字线（doji）形态。

doji，是日语"错误"的意思，表示开盘价和收盘价相同或非常接近，实体形成一条水平线，而不是一个长方形。

十字线也带有上下影线，形似一个"十"字。实体是条水平线，影线是垂直线。在所有单线的K线形态中，十字线是最重要的一个。我稍后再解释原因，现在我只介绍一些重要的基本概念和定义。图1-4总结了K线图的构成（包括十字线）。

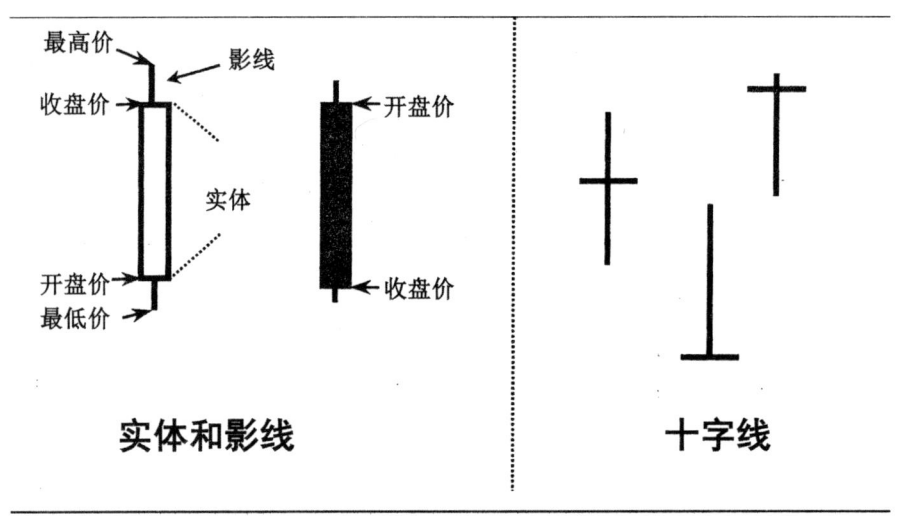

图1-4　K线图的构成

"K线"指K线图里的所有特征：实体、上下影线、开盘价和收盘价，以及价格运动的方向，如图1-4中左边所示。图例右边，我总结了十字线的形状。注意十字线有三种形状：十字形（有上下影线）以及只有一条影线的形状。

K线图非常有用，能够用相对简单的设计传递丰富的信息。一眼就能通晓全盘：

- 当天的整个涨跌幅
- 开盘价和收盘价
- 价格运动的方向

第1章 基础：K线图的构成

更重要的是，由很多节组成的图表立即就能显示大盘趋势。即使从图条上，也很容易看出价格是上涨还是下跌，但K线图能很容易判断出上涨和下跌的力量强弱对比，日交易的涨跌幅大小，以及结合日交易量判断出交易活动的波动率。

到此为止，已经有足够的信息来构建K线图了。初学者可以从图1-5的表格线开始，表中包含了5个节，各自都有开盘价、最高价、最低价和收盘价。

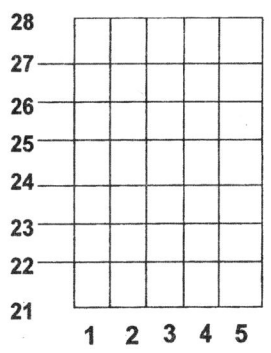

节	开盘价	最高价	最低价	收盘价
1	23	26	21	25
2	26	28	23	27
3	23	27	22	22
4	25	28	22	25
5	27	27	25	25

图1-5 画出K线

这些价格信息都能很容易转换到图1-6所示的K线图上，实体是白是黑取决于开盘价到收盘价是上涨（白色实体）还是下跌（黑色实体）。交易的涨跌幅确定了上下影线的长度。无论是日线图还是5分钟线图，这些原则都适用。在用K线图时还会发现，技术形态适用于所有时间段的图。日交易商喜欢用短期图；波段交易商——两到五天才进行一次交易，往往偏爱日线图。

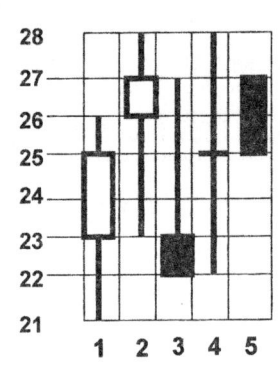

图1-6 画出K线

20世纪80年代初我开始用K线图时,必须动手绘制所有的图。当时根本没有互联网,就算有,大家对K线图也一无所知。今天,大家就幸运多了,许多地方都免费提供实时K线图,而且内容灵活多变,包括图的时间范围,以及像移动平均线这样的技术指标。虽然不用手绘图了,最好还是做做练习,确保你掌握了基础知识。至于我嘛,我还等着出现更先进的系统,能让我一按按钮就知道明天的价格!

跳空

大家对K线图感到疑惑的一点是:信息严格受制于当前的交易价格变化。开盘价并不是前一节的收盘价。总记着这个条件,那K线图就没有多大意义。如果看到一节的收盘价和下一节的开盘价之间出现间隔,特别是间隔很大时,这个间隔的意义就很重大。

第 1 章 基础：K 线图的构成

如果能看到空隙，跳空就很容易被发现。比如说，一天的涨跌幅在 30 美元和 32 美元之间，第二天的开盘价是 35 美元，显然这两天之间有 3 美元的跳空。但并不是所有的跳空都这么显而易见。例如，如果一天的开盘价是 44 美元，收盘价是 41 美元，下跌 3 美元。假设第二天的开盘价是 43 美元，这个上涨看起来像位于前一天的交易幅度之中。但实际上这两天一个收盘价在 41 美元，一个开盘价在 43 美元，中间有 2 美元的跳空，但看得不是太明显。日内跳空可能非常重要，但需要仔细寻找。

跳空，是指一天的收盘价和第二天的开盘价之间的间隔，间隔超过了交易幅度，新的开盘价不在前一个涨跌幅范围内。

至此，掌握了基本知识，就可以开始方法之旅，来到 K 线图的世界。在后面几章中，我会介绍许多特殊的形态，拓展大家对价格变化和反转的分析能力。

自测题

1. 竹线图也叫大幅蜡烛线图，确定了：（   ）

    A. 超重、缺少内容。

    B. 开盘价、最高价、最低价和收盘价。

    C. 在最高价，长 K 线上。

    D. 开盘看多买入。

2. K 线图提供的信息包括：（   ）

    A. 当天涨跌幅。

    B. 开盘价和收盘价。

    C. 价格运动的方向。

    D. 以上皆是。

3. 实体是指：（   ）

    A. 价格根据新闻做出的巨幅运动，超过了过度反应的幅度。

    B. 开盘价和收盘价的幅度。

    C. 整个交易涨跌幅度。

    D. 一节内所有活跃交易商的总称。

4. K 线图的影线是：（   ）

    A. 实体之上和之下的价格运动。

    B. 下一节的二级价格运动。

    C. 交易量或"影子"价格运动遵循的趋势。

    D. 参照下跌期间的黑色 K 线而形成。

5. "doji"的意思是：(   )

   A. 日语词"错误"。

   B. 一节内开盘价和收盘价相同或非常接近的K线。

   C. K线的实体是一条水平线而不是长方形。

   D. 以上皆是。

第2章

小实体和长节

对K线图信息的分析,主要根据大盘趋势和实体的大小。看图表前,要认识到,每一节会有一个正常的价格涨跌幅,就是开盘价到收盘价的涨跌幅。于此迥异的是出现小实体或十字线形态(表示开盘价和收盘价差异很小),或者是另一个极端,出现非常大的长方形或长K线。这一章我来分析小实体和十字线形态。

基本上所有的股票图表上都会出现各式各样的小实体K线图,无论股票是上涨还是下跌,上下影线可能有也可能没有。图2-1列出来几个典型的小实体K线图。

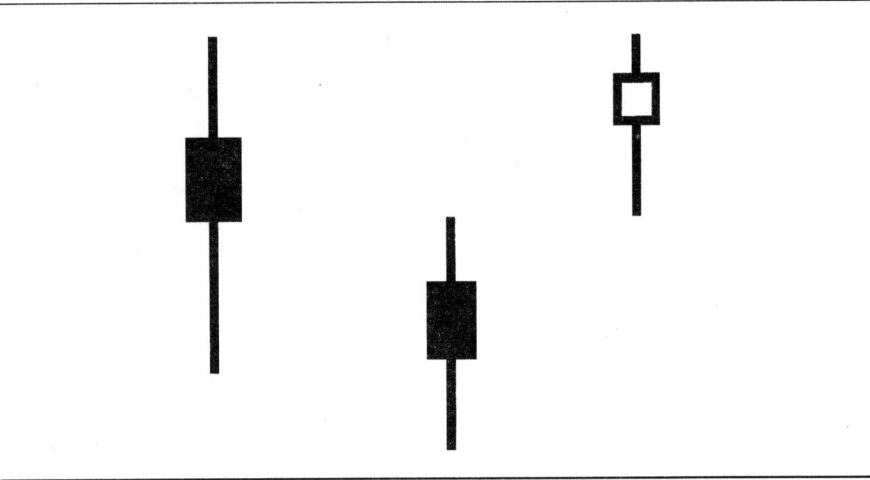

图 2-1 小实体——陀螺线

陀螺线

第一个小实体有个形象的名称，叫作陀螺线。买卖双方势均力敌时就会出现陀螺线。双方实力相当，开盘价和收盘价几乎胶着在一起。上下影线未能拉动价格向某一方向运动。这时也同样衡量了动力，任何一方都没能单方面促使价格出现重大变动，表明至少在一节内，动力放缓。

陀螺线是非常重要的信号形态。图 2-2 是朗讯科技的股票走势，明确指明了两个陀螺线。

第 2 章 小实体和长节

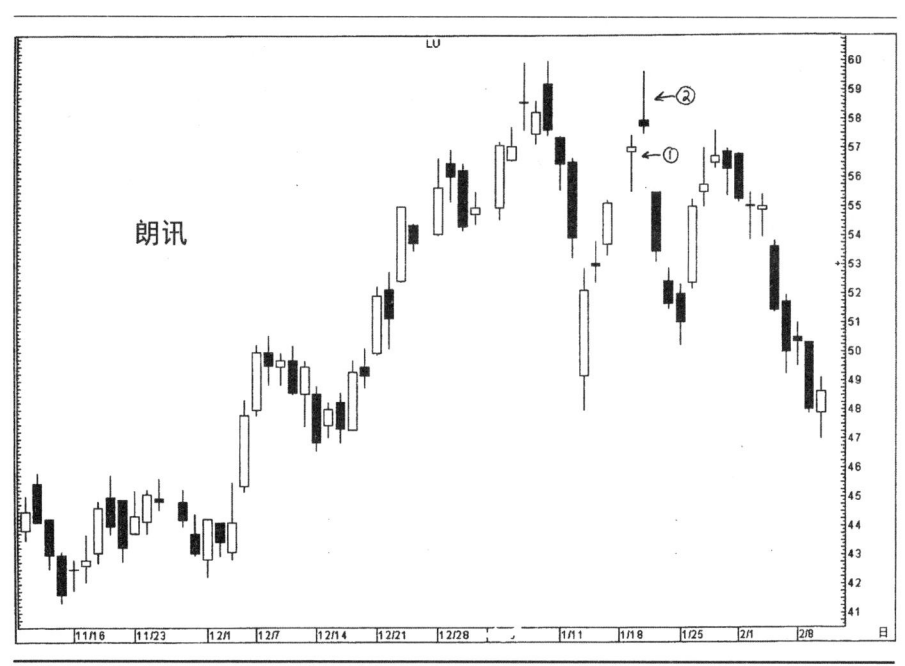

图 2-2 朗讯科技的陀螺线

如果是竹线图,这时的价格运动看起来相对不错,但是你可能就看不清这是个陀螺线,这就是个问题。竹线图上会显示价格正在接近压力位置,但可能就无法体现这两节的窄幅震荡,这种情况下 K 线图分析会有更好的洞察力。

陀螺线,是开盘价和收盘价相差无几,而上下影线几乎一样长的 K 线。

如果价格上涨，大家就希望出现白色长实体（白色表明价格上涨，长长方形表明趋势方向上的力量和动力很强）。如果趋势变动形成小实体，表明即使价格上涨，趋势也有所减弱——多头失去主导。实际上，即使价格继续上行，空头很可能实力增强。这个信号是试探性的，但常常预示着趋势已到强弩之末。陀螺线是强烈的潜在反转信号。

长K线，是比一般的实体要大得多的K线，白色实体表明非常强劲的价格上行运动，黑色实体表明下跌力量强劲。

这时的分析就变得有意思了，和所有的反转信号一样，陀螺线只是一个潜在的价格变化信号。什么都不是100%的肯定，但知道这些信号无疑会增加下单的正确率，减少错误率。有句谚语说："一叶知秋。"而陀螺线就像是掉下来的那片叶子，告诉你季节——市场的基调——变了。

再好好看看图2-3，价格上行非常强劲，出现了一个非常显著的白色长实体。但紧跟其后的是一个陀螺线，接着价格急速下跌。研究K线图过程中，会有很多这样的涨跌相抵形态。如果白色长K线后面出现陀螺线，就表明趋势的终结。

第 2 章 小实体和长节

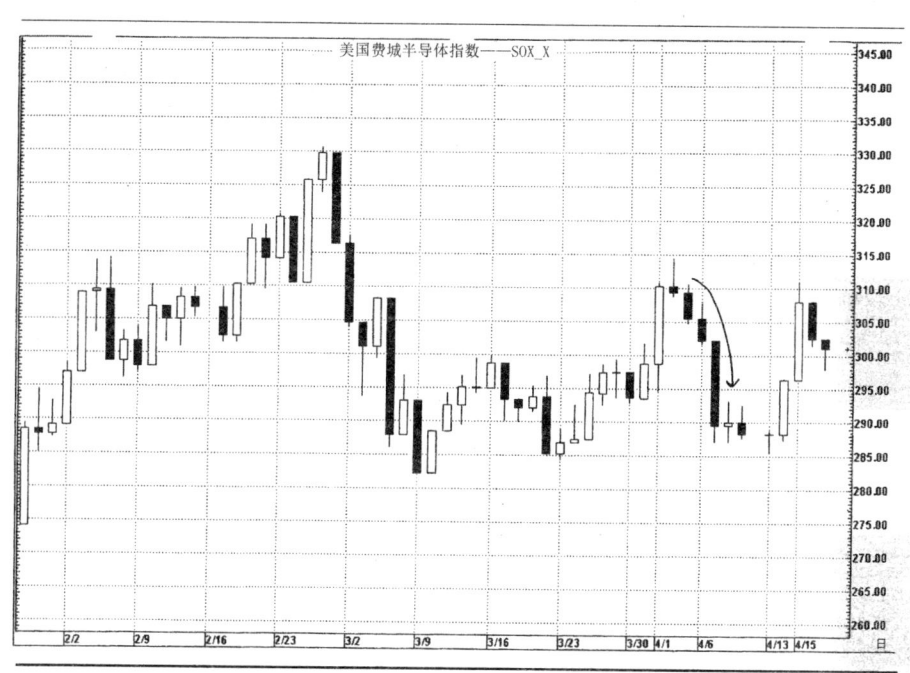

图 2-3 陀螺线

如果价格运动非常强劲，但 K 线图的长度日渐减小，这可以透露很多信息。此时，趋势日渐衰弱。图 2-4 里的上涨趋势中，就完全是这种形势，上涨在两个十字线后就完结了。这是非常强的反转形态。

图 2-4 两节十字线

出现十字线时就是应该行动的时候了，等到第二天，就错过了价格高峰，黑色长 K 线也证明了这一点。如果看到反转信号，就不能再等了，必须根据这些信号采取行动。

解读十字线

十字线表明市场犹豫不决，买方或卖方都无法主导市场。日本人认为如果长 K 线后出现十字线，这就是个转折点。趋势主导方逐渐乏力，而另一方即将接手。

第2章 小实体和长节

看到十字线时就应该自问：市场超买了（上涨时）还是超卖了（下跌时）？如果市场已经在某一个方向上运行过快，十字线就表明主导势力已经精疲力竭。问题是趋势已经显示大量动力后，很难相信仅仅一个十字线就能表示反转。因此还需要一个验证形态——第二个十字线，同时交易量比平均值大，或者价格接近压力位（顶部）或支撑位（底部）。这些信号和验证信息提高了在适当时机反转建仓的概率。

如果我看到反转信号但还不确定其效果时，我的反应常常是减仓而不是清仓。因此我可能卖掉一半的股票，或者平掉一半的空仓，而不是清盘。我这时还会用保护性期权来抵消风险。利用这样的策略，我拿稳了一部分利润，但如果最后证明我的时机选择错误，我还留有进一步获得利润的空间。

十字线会有几个不同的形式，有三个值得进一步解释，如图2-5所示。第一个是横线在上，只有下影线，叫作蜻蜓十字线。第二个和第三个都是陀螺线的变形。

图2-5 十字线的不同形式

如果蜻蜓十字线上下倒转，就叫作墓碑十字线。对于十字线形态，要强调的一点是：其确切的形状和反转作用依赖于在趋势中其出现时的位置。

墓碑十字线，是十字线形态的变形，横线在最底部，只有上影线，没有下影线。

分析图2-6的形态。这里出现非常有力的价格上涨，之后出现上影线特别长的陀螺线。正确解释这个信号很难。长上影线表明买方想继续上涨动力的努力成为泡影，因此趋势到了末尾。但是价格在之后的九节里做整理运动，表明多空之间的争夺战还没有结束。价格在整理运动后最终下跌了，这种条件下该怎么办？

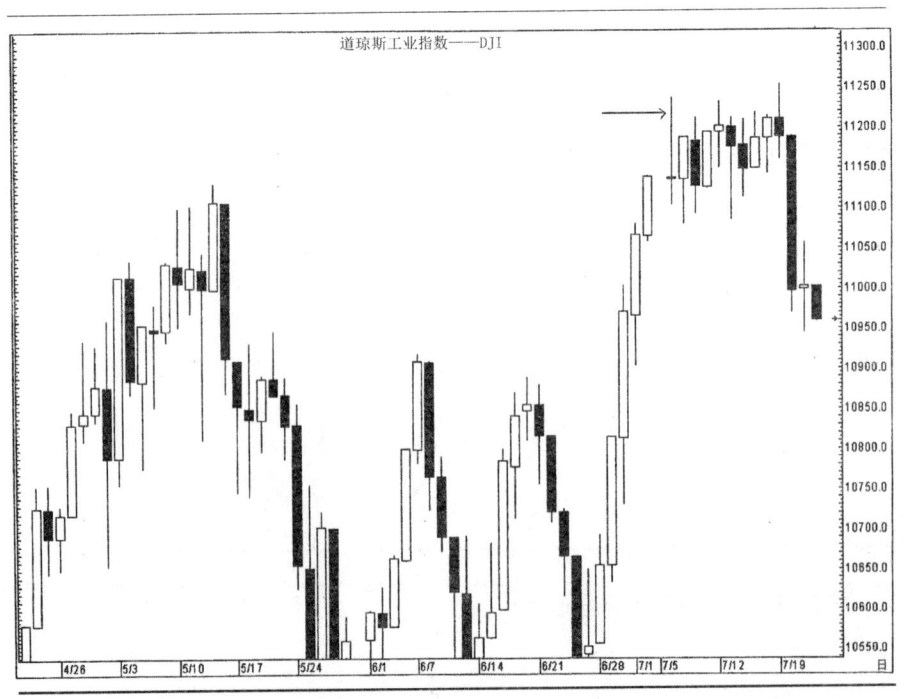

图2-6 白色长K线之后出现十字线

第 2 章 小实体和长节

我认为陀螺线的长上影线是个强烈信号，表明上涨趋势结束了，虽然是经过了几节之后空头才扭转了局势。把这作为真正的反转需要非常谨慎，因为迟来的反转并未最终改变反转的到来。多头回天无力，不仅表现在十字线，而且还表现在之前白色实体的长度逐渐缩短。图2-7是另一个例子。反转很干脆，表明如果白色长K线之后出现十字线，往往就是急速反向的信号。出现这个现象有两个条件：第一，白色长K线和十字线同时出现；第二，十字线的涨跌幅在白色长K线的范围内，这个形态被叫作下跌十字孕线。

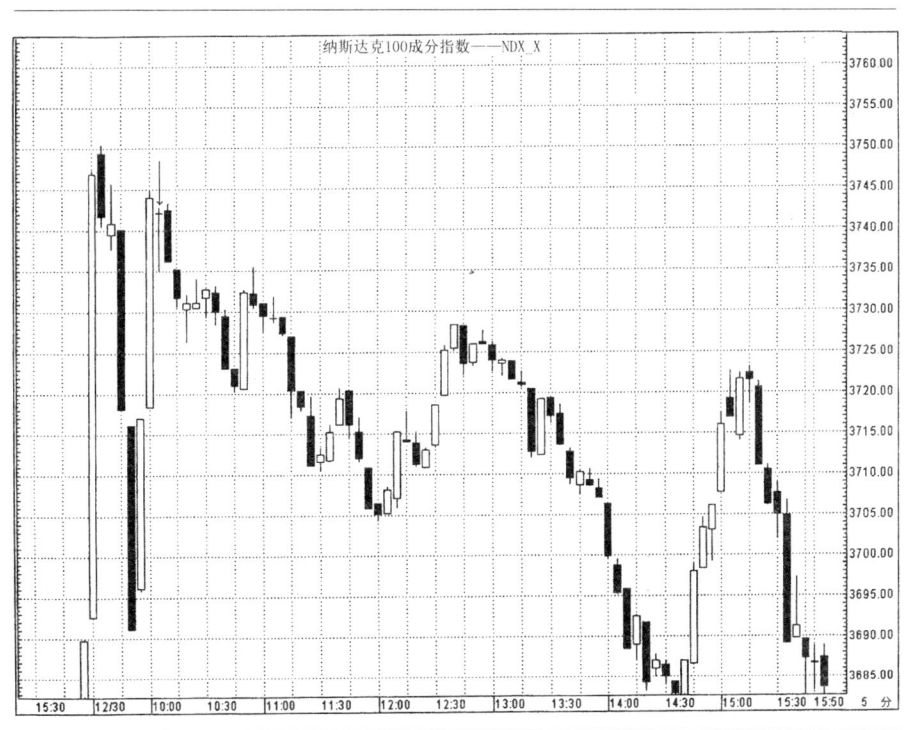

图 2-7 白色长 K 线之后出现十字线——下跌十字孕线

注意这个形态的两部分，白色长 K 线后是十字线，最高价降低，最低价提高，也即是说涨跌幅变小。

孕线形态（harami）：意思是"怀孕"，是个双线形态，包括一个长 K 线和一个小实体，小实体的最低价高于长 K 线，而最高价低于长 K 线。

十字孕线形态：是一种孕线形态，第二天并不是一个小实体，而是一个十字线。

支撑线和压力线

长 K 线之后出现十字线或小实体形式时，要注意的另一个特征就是形成了新的（白色长 K 线后）压力位或（黑色长 K 线后）支撑位。新的压力或支撑区域需要用时间来验证。但是，提前知道可能的涨跌边界线，有助于发现后面的反转点。应用这一原则的时候，注意新的边界常常是十字线的上影线顶点（新压力）或下影线的最低点（新支撑）。图 2-8 就是白色长 K 线和之后的十字线确定新压力线的例子。

第 2 章 小实体和长节

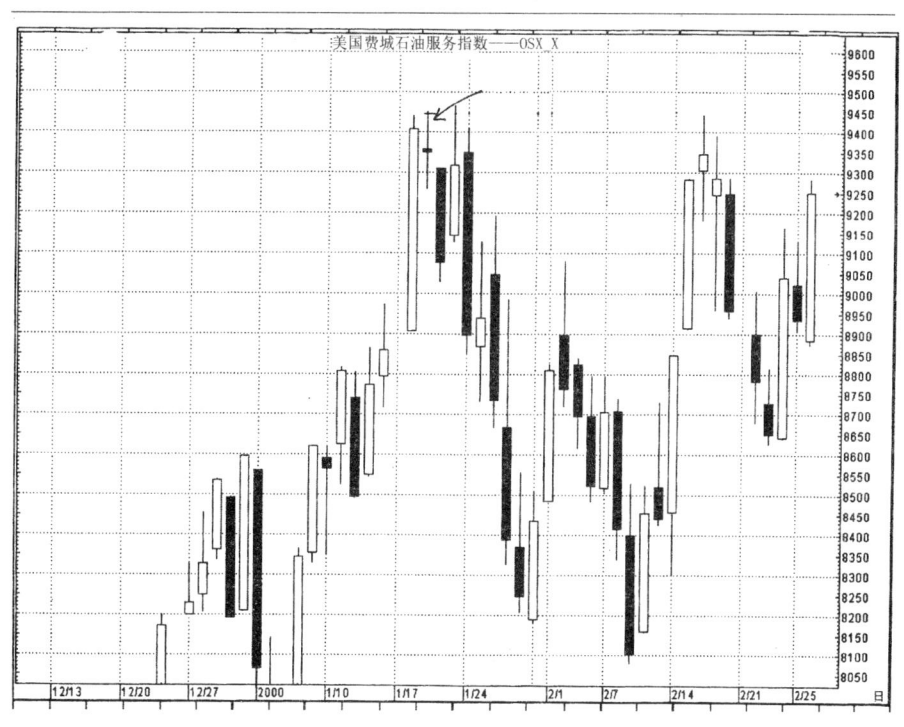

图 2-8　白色长 K 线后出现十字线——建立新压力线

这个例子里，第一个标明的是十字线，第二个标明的是小实体。这两个标志的作用一致，都是白色长 K 线后出现的反转信号。上影线作为压力的条件不是绝对的，只能作为一个指导。重点是要记住十字线形成新压力（或支撑）。实际上，验证新压力的第二个十字线或小实体不一定要跟随一个长 K 线，图 2-9 是另一个变形，表明新的交易边界线可能如何出现。

图 2-9　十字线形成压力

图 2-9 中，你可以看到，测试压力位失败，之后发生回调，这是由小实体和十字线形态构成的典型技术形态。记住，十字线的上影线表明买方努力想将价格提高，但未成功（或者下影线长的话，表明卖方同样的努力也失败了）。

先前建立的压力位，可能在日后由顶部十字线考验，然后发生回调。也就是说，这个后来的十字线不必构建压力位，而是作为一个测试前期压力位的信号。图 2-10 就是这样的一个例子。

第 2 章 小实体和长节

图 2-10 十字线验证压力位

图 2-10 的压力由之前的形态形成,价格下跌后,重新测试压力线,但突破失败。这次测试是很典型的三天上涨后的十字线测试。

十字线会在多种形态中出现,不仅仅是当前趋势的末尾。例如,在图 2-11 中,两个单独的十字线形态表明价格未能冲高。第一个十字线后出现整理运动,但直到第二个十字线时,价格才有出现回调。

图 2-11 十字线和趋势

尽管第二个十字线出现在白色长 K 线之后，但趋势维持时间太短，几乎不能称之为趋势。而反转信号特别强烈，前一只白色长 K 线和下一交易时段出现的黑色长 K 线间价格出现巨大跳空。

十字线也时常创新高或新低，并非构成新压力或支撑，而是作为价格迅速反转的信号。图 2-12 就是这样的例子，十字线之后出现下跌。这个例子里的新压力要在将来价格涨幅稳定下来后才能形成。这时不会形成新压力，而更有可能形成突破和回调。

第2章 小实体和长节

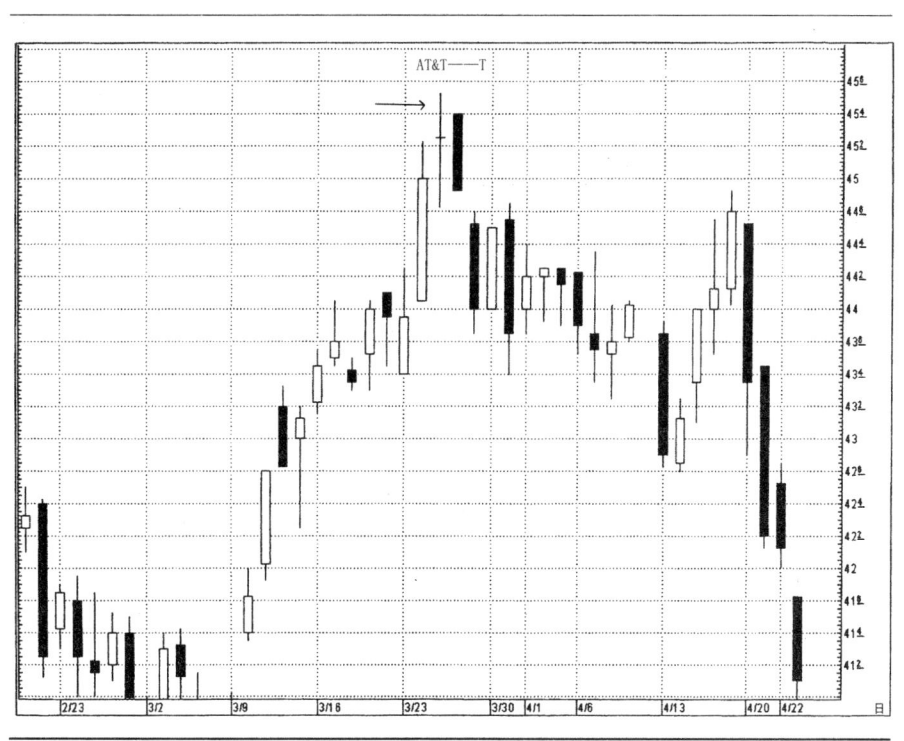

图 2-12　出现十字线，但收盘价创新高

就如同陀螺线和蜻蜓十字线表示反转信号、新压力或新顶部，墓碑十字线也有同样的作用。图 2-13 中，白色长 K 线后出现墓碑十字线。注意，两天时间都曾努力推高价格，但都以失败告终，这是比平时更加强烈的反转信号。实际上，这张图中的压力位形成于墓碑十字线之前的交易最高价，表示两天的上攻尝试（白色长 K 线和墓碑十字线）都未能突破压力。

图 2-13　墓碑十字线

白色长实体作为支撑（或黑色长实体作为压力）

大家一般都认为白色长实体表示继续上涨，黑色实体表示继续下跌，但这不仅仅展示当前趋势的相对力量，还提供了清晰的支撑位置（白色长实体）或压力位置（黑色长实体）。图 2-14 表明的是长 K 线支撑的一般情况。白色长 K 线建立了一个实际上比原有的支撑稍低的支撑，交易的范围扩大了，但同时也提供了上涨信号。

第 2 章 小实体和长节

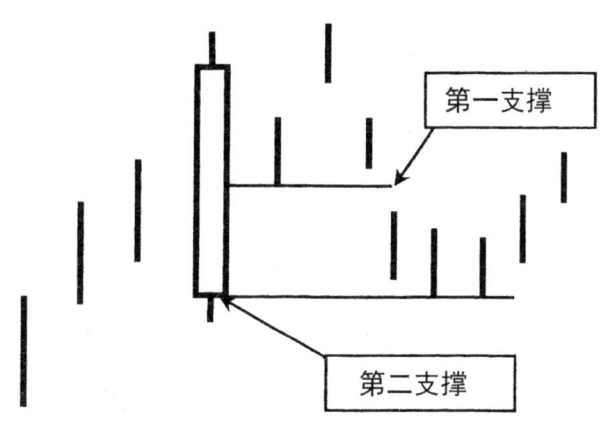

图 2-14 以白色长实体形成支撑

一段时间的连续阶梯性向上移动的支撑线就是这种情况。图 2-15 就是一例。注意支撑范围在每个白色长 K 线后都有提高，而且构成的新支撑线总是出现在白色长实体的中点，这一点非常稳定。这是个隐含信号，而且不断重复出现。

图 2-15 白色长 K 线的中点

白色长 K 线的中点一再构成支撑，可以连续几节出现。图 2-16 就是这样的例子。注意支撑在后面的 K 线里连续提高，只要趋势上涨，就形成了新的交易涨跌幅和支撑线。

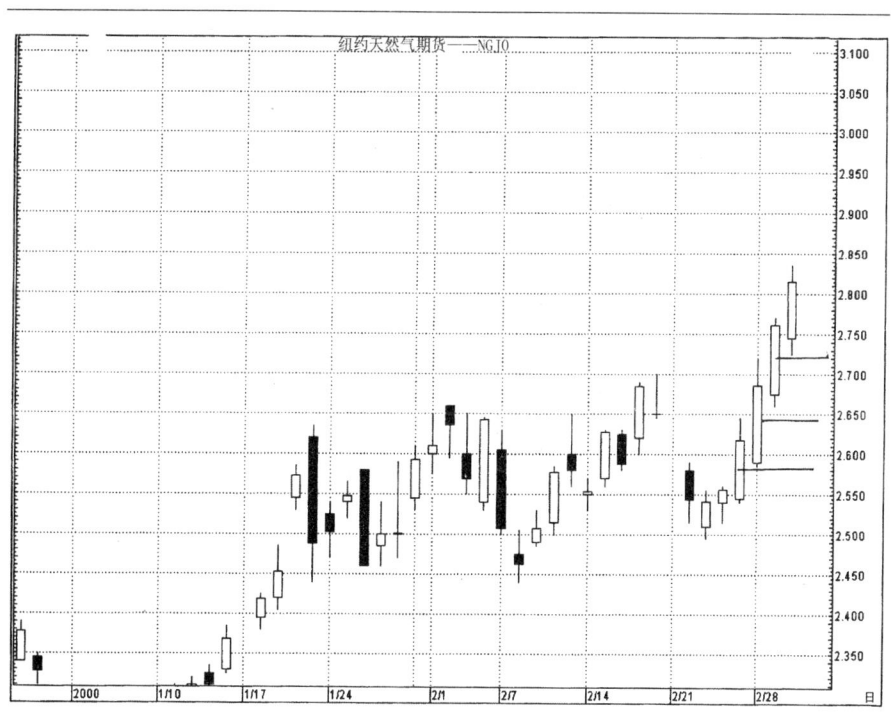

图 2-16　白色长 K 线的中点

黑色长 K 线建立新压力时，也是出现在实体的中点。图 2-17 就是一例。第一压力位于中点，第二压力有可能出现在当天的收盘，即黑色 K 线的上线。

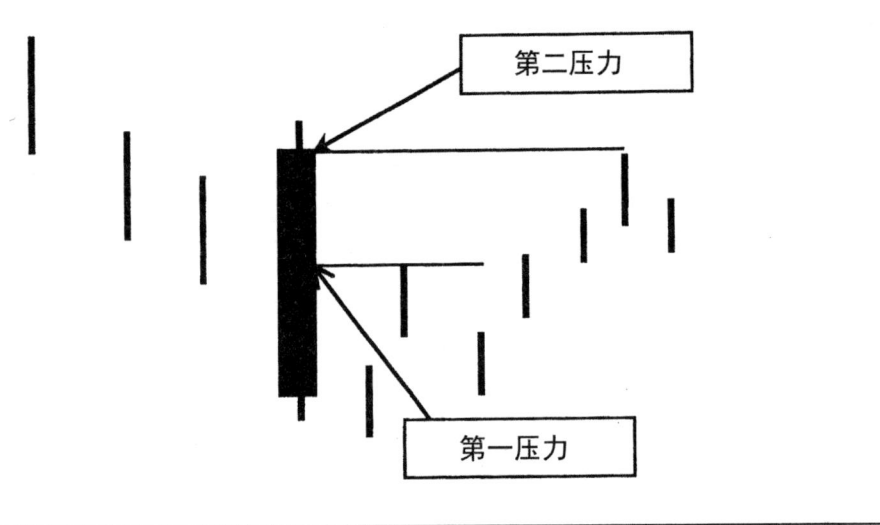

图 2-17 黑色长实体作为压力

图 2-18 就是压力逐步下跌的实例。市场以黑色长 K 线的中点作为压力，压力线不断下跌。只要出现长 K 线，市场上涨或下跌时这一原则就一直发挥作用。

第 2 章 小实体和长节

图 2-18 逐步下跌的压力

能够辨认出这些形态——无论是十字线里特别窄的涨跌幅还是长 K 线里的大幅震荡，都有助于结合其他的技术形态，找到风险水平，确定进入和退出时机。

自测题

1. 小实体是指：（   ）

    A. 交易量小的 K 线，市场的活跃交易商数量比平均水平低。

    B. 小盘股的指标，也是有形资产的参考值。

    C. 开盘价和收盘价差异小的 K 线。

    D. 幅度特别窄的股票涨跌幅。

2. 陀螺线是指：（   ）

    A. 开盘价和收盘价差异很小，没有影线的 K 线。

    B. 开盘价和收盘价差异很小，上下影线长度相等的 K 线。

    C. 开盘价和收盘价差异很小，一条影线很长的 K 线。

    D. 以上之一。

3. 长 K 线意味着：（   ）

    A. 价格运动波动很大，方向特别不稳定。

    B. 当前趋势减弱。

    C. 所指方向的动力强劲（上涨的白色长 K 线或下跌的黑色长 K 线）。

    D. 压力或支撑即将被突破。

4. 出现十字线表示：（   ）

    A. 犹豫不决。

    B. 如果之前上涨则表示多头处于控制地位。

    C. 如果之前下跌则表示空头处于控制地位。

D. 并非可信的信号,不能预示即将出现反转。

5. 蜻蜓十字线和墓碑十字线形态:(   )

    A. 是相同的 K 线,名字不同只是因为其在当前趋势里出现的位置不同。

    B. 图形相反,蜻蜓十字线是水平线在顶部,而墓碑十字线是在底部。

    C. 两者都有上下影线,只是长度不同;蜻蜓十字线的下影线较长,而墓碑十字线的上影线较长。

    D. 并非可靠的反转信号。

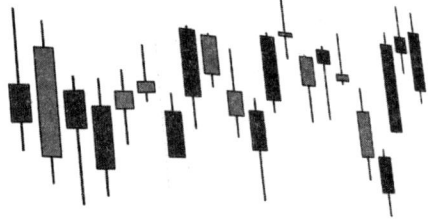

第3章

影线分析

K线的影线是实体之上和之下的部分。分析师的重点都集中在了实体，因为其代表了开盘价和收盘价的差额。虽然这一点无可厚非，但影线也提供了有价值的信号，特别是反转信号。

可以把影线当作实体之上或之下的价格，换句话说，是未能成功的价格运动尝试，如果看到特别长的影线，就意味着多头（出现上影线）或空头（出现下影线）努力要把价格拉出中间水平之外，但都失败了。当影线特别长或出现一系列的时候，就特别有价值。图3-1的几个例子，就是上涨或下跌趋势里的影线形状。

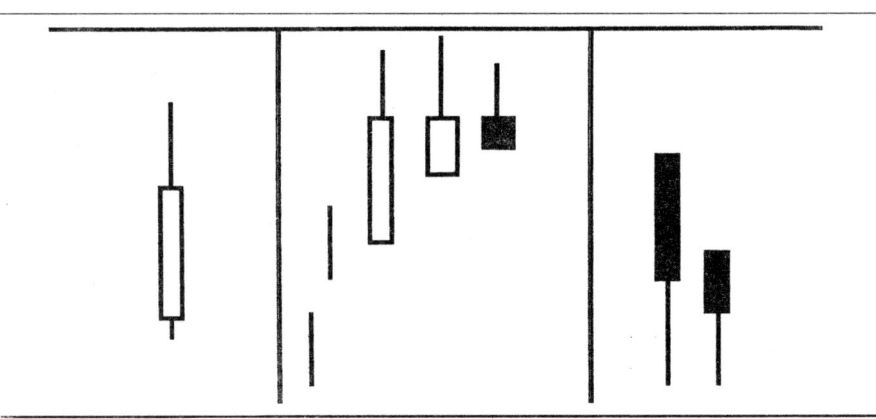

图 3-1　上涨和下跌时的影线

趋势和反转

一系列影线出现的时候,意义不一般。例如,上涨过程中一连出现了三个或更多的 K 线,每个上影线的长度都特别长,这通常就表示反转即将出现。图 3-2 就是这样的一个例子。注意,两个例子里都有标注,上影线一个接一个出现了几次,这就表明多头乏力,动力渐衰。所以两种情况下,趋势掉头,发生反转。

第3章 影线分析

图3-2 创新高，但是多头乏力

如果出现长上影线，但是并未连续几个出现，该怎么办？记住，理想形态并不总是很清晰。动力衰竭时，还会出现不连续的长影线或者下跌时出现上影线。见图3-3对这两种情况的举例。

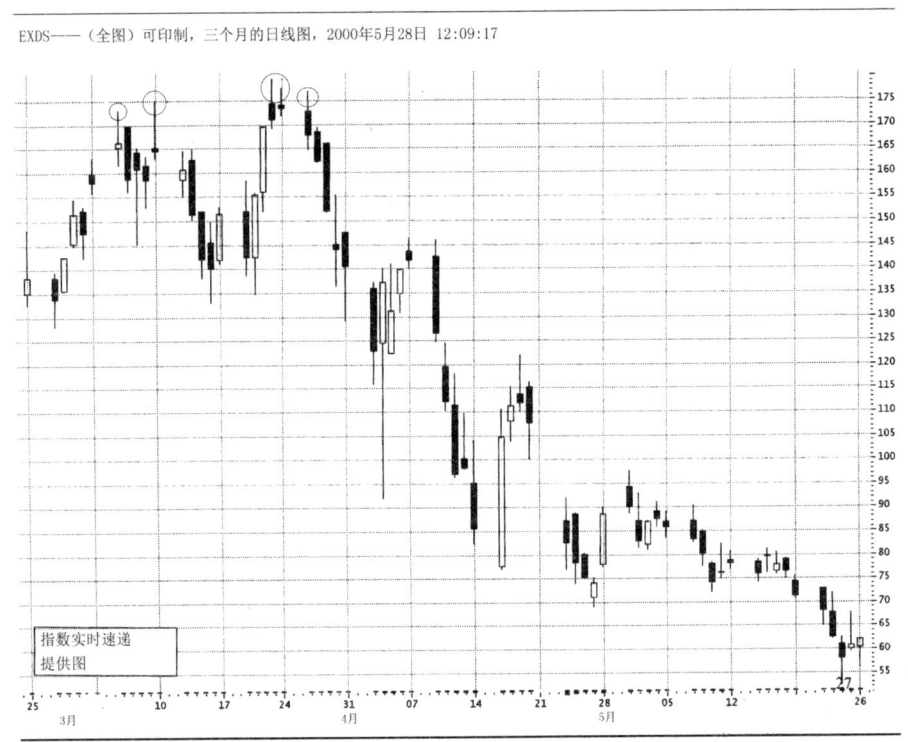

图 3-3 长上影线

如果多次出现价格一再奋力冲击而未果的情况,这就是一个强烈信号。图 3-4 的例子,我称之为市场"痛苦上涨"。此时价格趋势失去控制,即使多头每次都试图把价格拉高,但都以失败告终。这就是反转即将来临的强烈信号。记住,如果趋势失去动力,接下来自然会向相反方向运动。长上影线将这一点表露无遗。

图 3-5 是另一个例子。此时,高价位变得飘忽不定,主要是因为不断出现的上影线。

第 3 章 影线分析

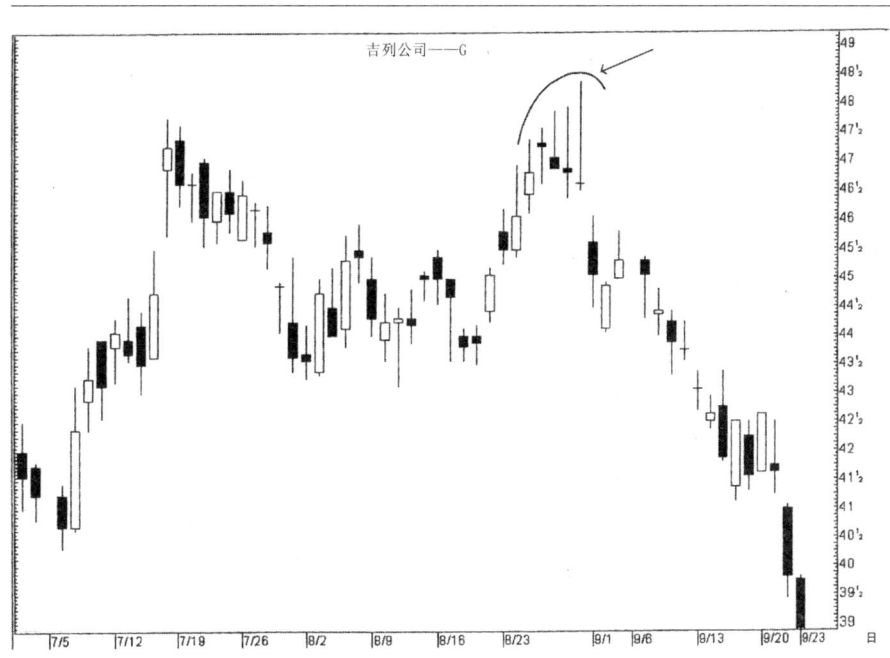

图 3-4 市场痛苦上涨

图 3-5 长上影线

同样的形态也会出现在下跌终结时。选择时机的最大问题之一是如何知道趋势就快结束了。上影线和下影线有助于我们深入洞察多空行为。图3-6表明下跌趋势乏力。空头努力拉低价格,但连续几天都失败了,这时自然的预期就是发生反转,正如本例所示。

图3-6 下跌乏力

研究图表时,总是想找到理想清晰的信号。这种信号很少,但也的确不时出现。反转往往包括一个一目了然的方向改变,连续几天的下跌(黑色K线)变成几天的上涨(白色K线)。但怎么能对时机确定无疑呢?如果强劲趋势终结时出现K线改变颜色和连续的影线,这两种信号彼此就进行了验证。图3-7就是这样的形象例子,下跌趋势强劲,但趋势随着几条下影线的出现由跌转升,这时就该根据反转采取行动了。

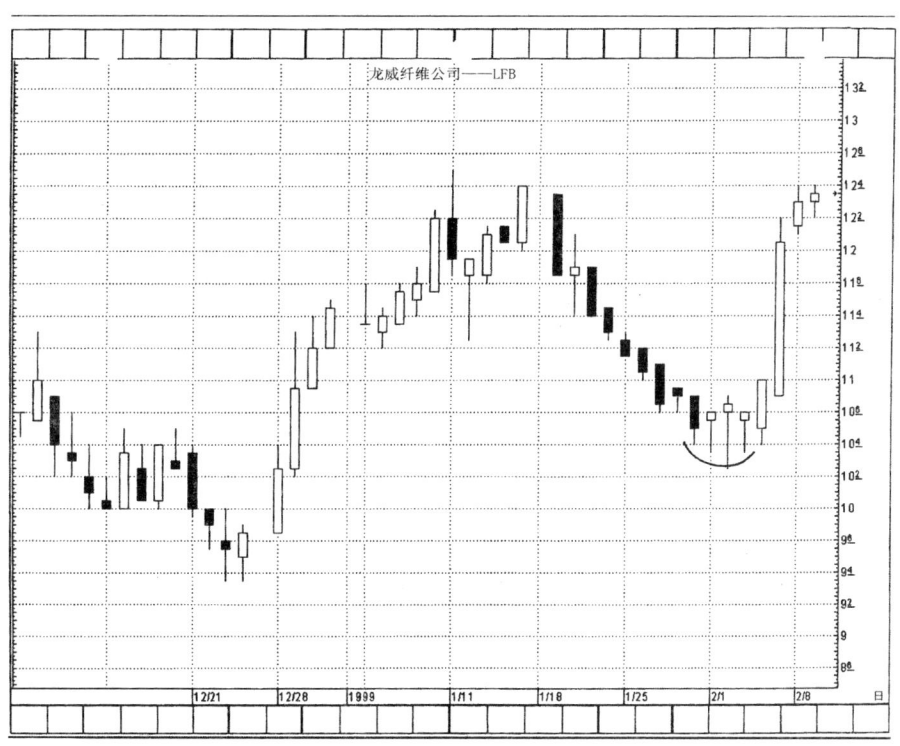

图 3-7　影线：行动时刻

单线信号

锤子线

与影线有关的一个最好的单线信号就是锤子线。这个 K 线下影线很长，最好是有实体的两三倍长。比如实体有 2 个点的高度，那下影线有 4 到 6 个点的高度，才算是典型的锤子线。

锤子线，是一天的 K 线图，下影线比实体长 2 到 3 倍，出现在下跌趋势的末尾，预示着即将出现反转。

锤子线实体的颜色无关紧要。如果出现在当前趋势的末尾,则预示着反转。请见图3-8的举例。

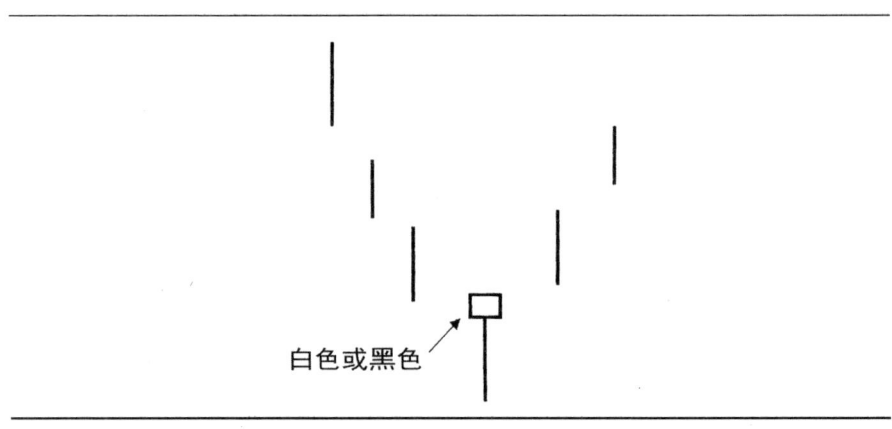

图 3-8 锤子线

如果其他信号都不清晰,这个单线信号就很有价值。趋势走到末路时,日线图可能就是乱花渐欲迷人眼,没有清晰的上涨反转或下跌持续形态,可能出现的是一堆相互矛盾的信号。但如果锤子线出现在清晰的下跌之后,反转则可预期。

图 3-9 显示了这种迷乱状态。尽管一连几天下跌,但每日的实体部分有涨有跌,而不是持续下跌。趋势末单独一天的上涨还不足以表明反转即将发生,但下一节的锤子线就是定性的了,价格立即向上运动。

第3章 影线分析

图 3-9 锤子线预示反转

图 3-10 中趋势是否终结同样难以确定，而力量更强的锤子线一锤定音。

图 3-10　锤子线带来反转

虽然这些信号都很明显，但想想出现双锤子线的情况。如果出现第一个时无动于衷，对第二个就无法坐视不管了。如图 3-11 所示，有意思的是，双锤子线出现后，价格进行了一段整理，然后才出现巨大的上涨跳空，这个形态应该慎重对待。即使在两个强烈的信号后，市场的反应也不总是立竿见影的。

图 3-11　双锤子线

锤子线的作用不仅在于预示着反转,而且还能验证更传统的信号。如图 3-12 所示,锤子线更加隐晦,但验证了当前的支撑线。

图 3-12 锤子线验证了支撑

锤子线还可以出现在意义更复杂的图表中。例如，在图 3-13 中，多空之间对主导权的争夺持续了几节。锤子线在股价为 208—209 元区间出现，之前是一个黑色长 K 线。黑色长 K 线通常表明下行压力很大，但锤子线显示了相反的意思。三天后出现了第二个黑色长 K 线，但多头阻止了进一步下行。这更进一步表明锤子线带来反转，双方此时交战正酣。虽然空头努力要掌握控制权，但却三战而败。最终，多头经过艰苦斗争占据主导。整个形态很难看出来，但是锤子线姗姗来迟，唱了主角。下影线表明空头已无力为继，垂死挣扎了几天也无可奈何。

第 3 章 影线分析

图 3-13 锤子线验证支撑线

锤子线出现在下跌趋势末尾时,是特别强烈的反转信号,但还不仅如此。如果形状相同的 K 线出现在上涨趋势的顶部,又是什么意思呢?

上吊线

这种 K 线的实体是白色或黑色都行,下影线要比实体长 2 到 3 倍,这就不是锤子线,而是与其相反的上吊线了。

图 3-14 显示了锤子线和上吊线的不同。

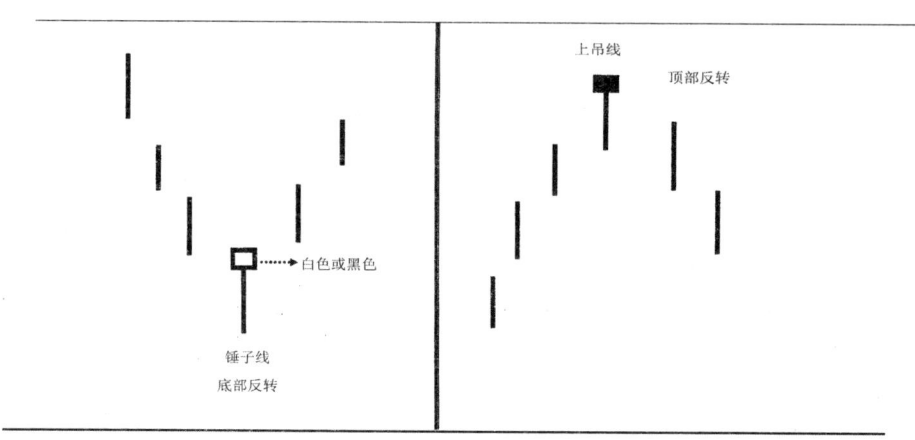

图 3-14 锤子线和上吊线

一个图表中的短期趋势顶部和底部可能分别出现上吊线和锤子线,如图 3-15 所示。

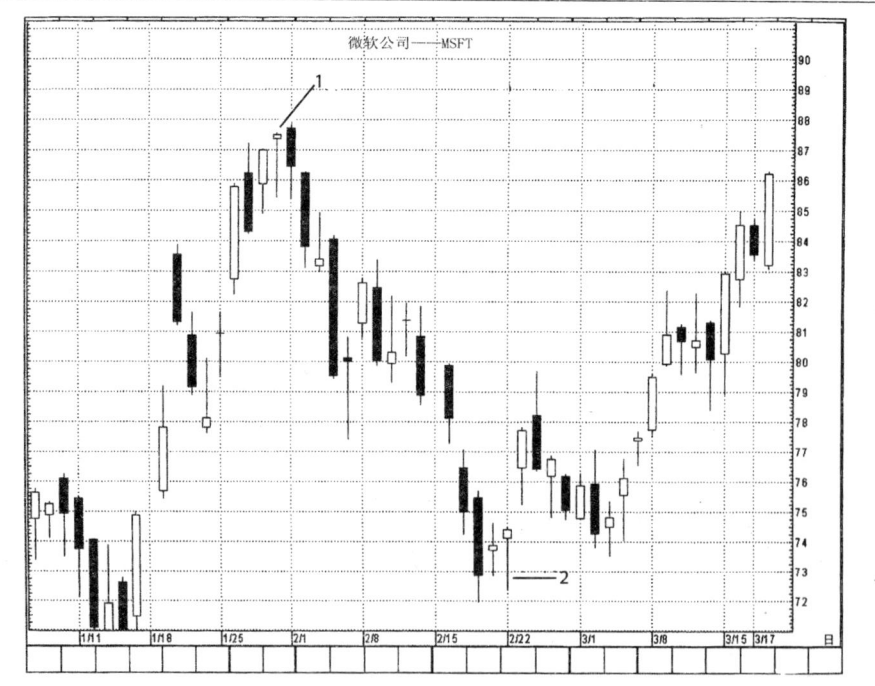

图 3-15 上吊线/锤子线

第 3 章　影线分析

上吊线，是单日 K 线图，下影线比实体长 2 到 3 倍，出现在上涨趋势的末尾，预示反转即将到来。

图 3-15 的上吊线在顶部，明确预示出反转，接着底部出现锤子线，再次预示着反转。这些形态对于波段交易商就很有价值，极大提高确定时机的能力。虽然不一定每次都要用单线上吊线来预示反转，但是上吊线是个有力的验证工具。图 3-16 里出现了几天特别有力的上涨，其中有四天连续的上涨跳空。大家可能会认为上涨会在一个窄幅交易日后终结，但这根本无法确定。而第二天，上吊线出现了，清晰表明应该退出多头头寸或应该做空，因为趋势要南下了。

图 3-16　上吊线预示反转

不可否认的是，当锤头和吊颈出现时，需要经过严格的验证才能作为形态来使用。必须配合验证指标，而不能把它们作为唯一的进出场依据。这是吊颈作为信号容易出问题的地方：这好像是个看涨形态，因为下影线宣告了空头的失败，通常意味着价格会随着锤子线的出现而上涨。所以，尊重上吊线出现在上涨趋势的顶部这一前提，它是一个违反逻辑的信号，但可以肯定锤子线不是个假信号，所以应该等到看到下一个收盘价低于上吊线的实体时再采取行动。

确认上吊线的原则很重要：因为上吊线自身的形状代表上涨，所以要等到收盘低于上吊线的实体，才能验证下跌。如图 3-17 所示。

重要概念：

上吊线自身的形状代表上涨，要等到下一个收盘低于上吊线的实体才能确认下跌。

图 3-17　上吊线的验证

这一原则至关重要，因为可能会出现一个或多个上吊线形式的假信号。如果这个形状一出现就认为处于趋势的顶部，这时的机会就不如等到价格下降得到验证后那么好。图 3-18，就是这一形态发出假信号的例子。

第3章 影线分析

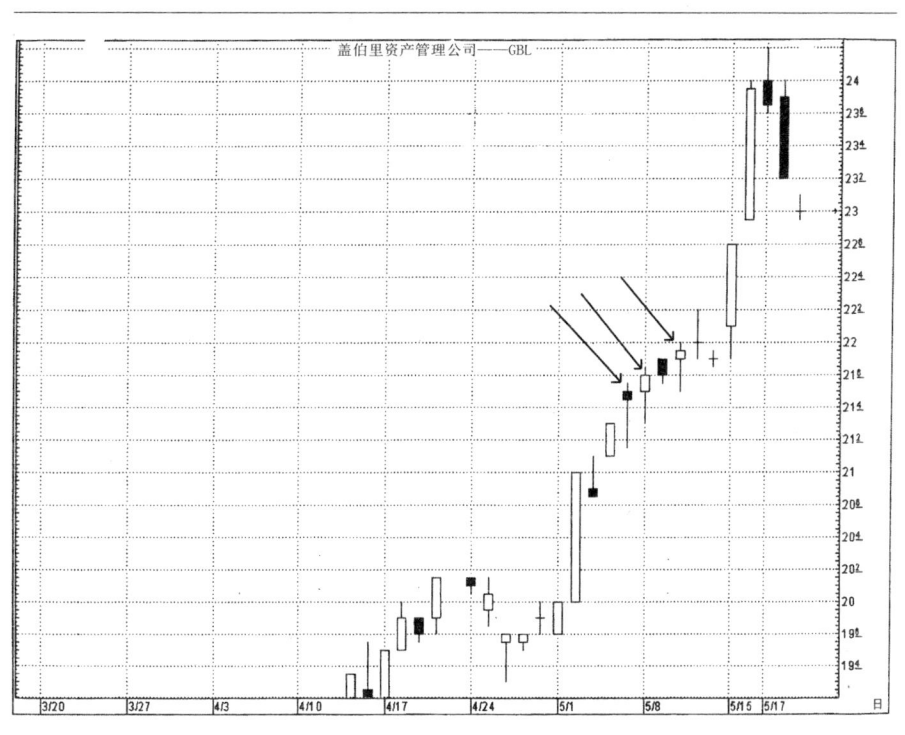

图 3-18 上吊线的非标准形态

在此次上涨过程中，标记的四节里，有三节看起来都像是上吊线，但价格还是持续上涨。收盘价都没有低于实体，因此这些信号都不可靠。

自测题

1. K线的影线是：(   )

    A. 价格沿前一节方向进行的惯性运动。

    B. 总处于一节的开盘价和收盘价价差之内。

    C. 一节的最高价之上和最低价之下的价格运动区。

    D. 模仿交易幅度的交易量水平。

2. 连续几节的影线表示：(   )

    A. 如果是下影线，则表示下降趋势终结。

    B. 如果是上影线，则表示上涨趋势终结。

    C. 目前趋势方向即将反转。

    D. 以上皆是。

3. 锤子线是：(   )

    A. 下影线长于实体的两三倍，预示下降趋势终结。

    B. 上影线的长度与实体相同，表示上涨趋势终结。

    C. 小实体和一条长影线的形态。

    D. 出现在趋势持续时，而不是反转时。

4. 上吊线是：(   )

    A. 锤子线的另一个名称，每次出现时意义一样。

    B. 下影线比实体长两三倍，表示上涨可能终结。

    C. 是单线形态，出现在下跌趋势的底部，预示反转即将出现。

    D. 描述交易商买入太迟而清仓太早的趋势。

5. 锤子线和上吊线的实体：(   )

    A. 总是白色的。

B. 总是黑色的。

C. 白色或黑色取决于出现在当前趋势的位置。

D. 既可能是白色也可能是黑色。

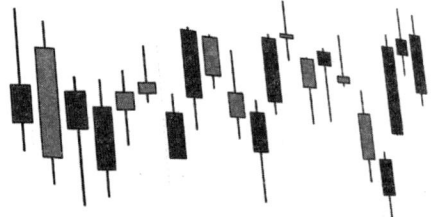

第4章

流星线和风高浪大线

流星线

影线在K线分析中扮演了很重要的角色,不止用于强大的锤子线和上吊线。比如,流星线这种形态的上影线很长,实体相对小,与之相反的下影线形态在前一个章节讲过。

上影线很长一般是个不利信号。多头拉高价格的希望破灭,通常预示着反转,回调到下跌趋势。流星线实体的颜色无关紧要,这与锤子线和上吊线的一样。实体很小,小于上影线的一半。更重要的是,流星线是真正的下跌反转,应该随前一节价格跳空而出现。

流星线,是单日K线图,上影线至少有实体的两倍长,跳空于前一天实体之上,预示着当前上涨趋势末尾的下跌反转。

图 4-1 里总结了流星线的前提条件：上影线和实体的相对长度，以及价格跳空。

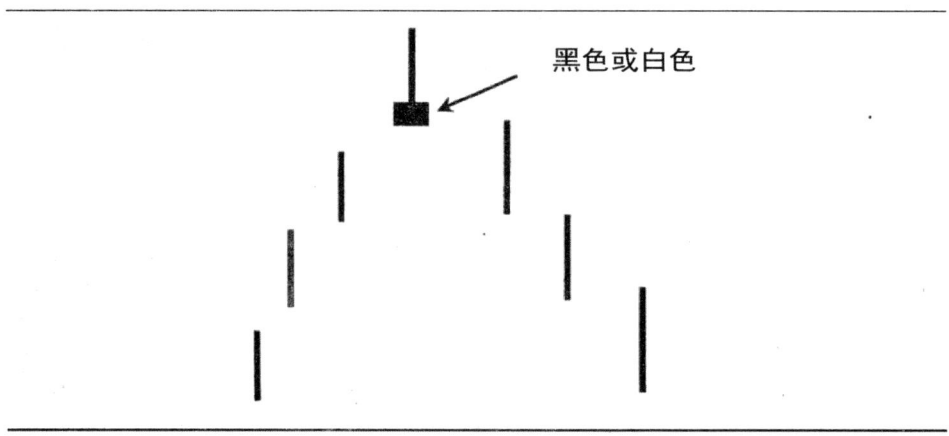

图 4-1　流星线——顶部反转

可以看出流星线的形状与上吊线和锤子线完全相反，有上影线没有下影线，实体的颜色无关紧要。流星线位于上涨趋势的顶部，其作用可能会被同一图表里下跌趋势底部的锤子线抵消，如图 4-2 所示。

第4章 流星线和风高浪大线

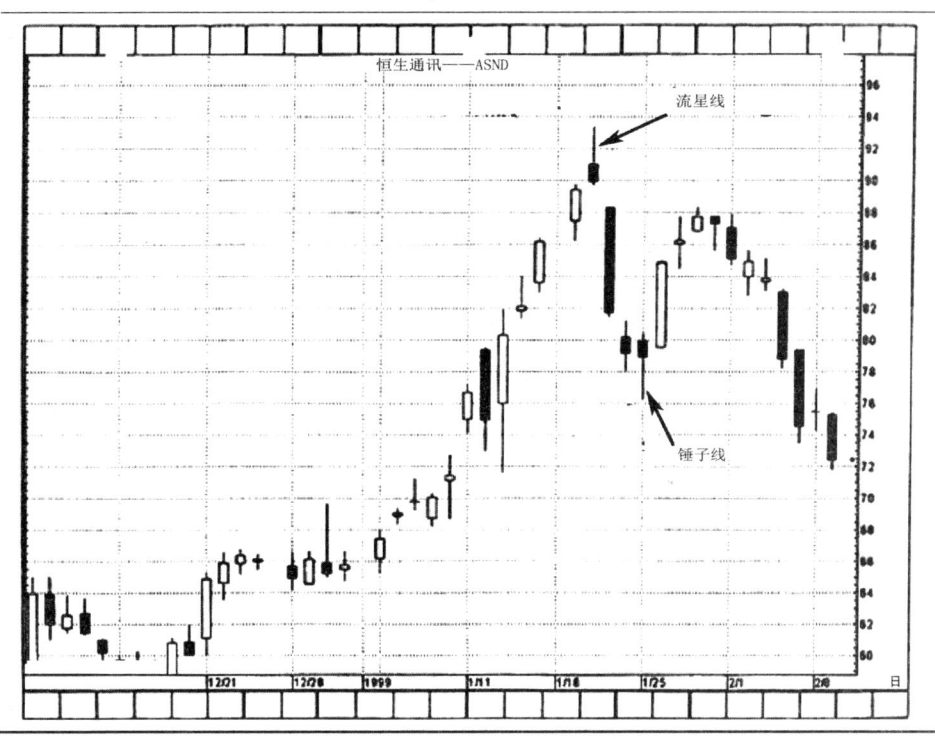

图4-2 流星线

两个信号都非常明显。结合特别长的影线综合分析所有信息，能看出反转信号和验证二者整体很强劲。图4-3里的流星线引出剧烈的下跌反转。注意，流星线之前是长白色K线，预示上涨继续，之后是黑色长K线，意味着下跌。黑色长K线验证了流星线显示的反转。即使如此，这个例子根本没达标，因为流星线和前一天的交易范围之间没有出现跳空。

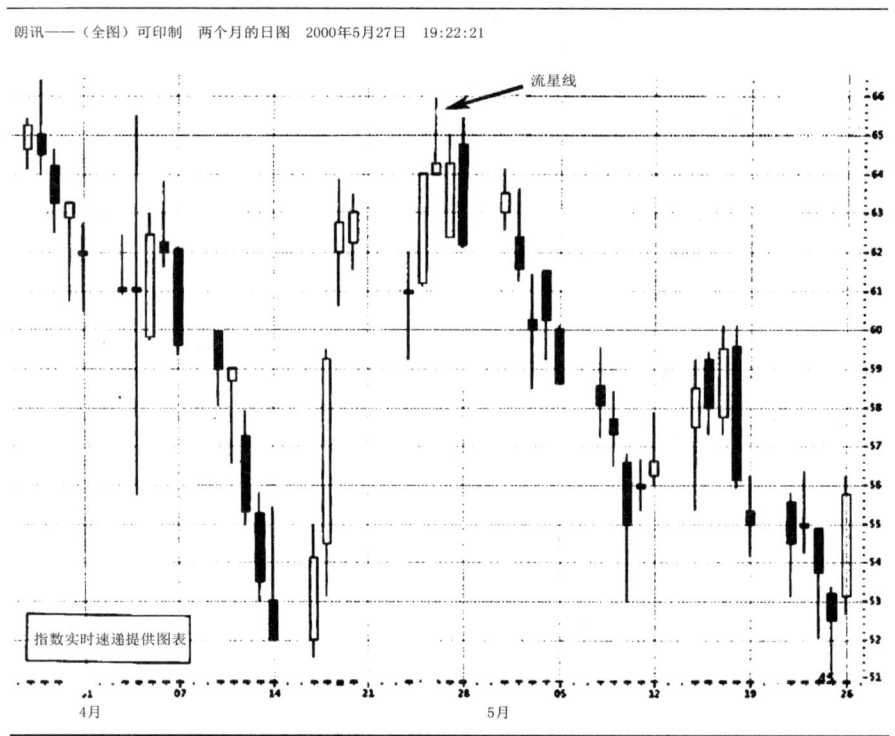

图 4-3 流星线引出下跌反转

图 4-4 是更可靠的流星线，出现在上涨的第四天内。所有四天都从前一天的涨跌幅上跳空。这种强劲的上涨运行无法长久持续，因此如果在这种情况下看到流星线，这就是发生急速反转的强烈信号。

第4章 流星线和风高浪大线

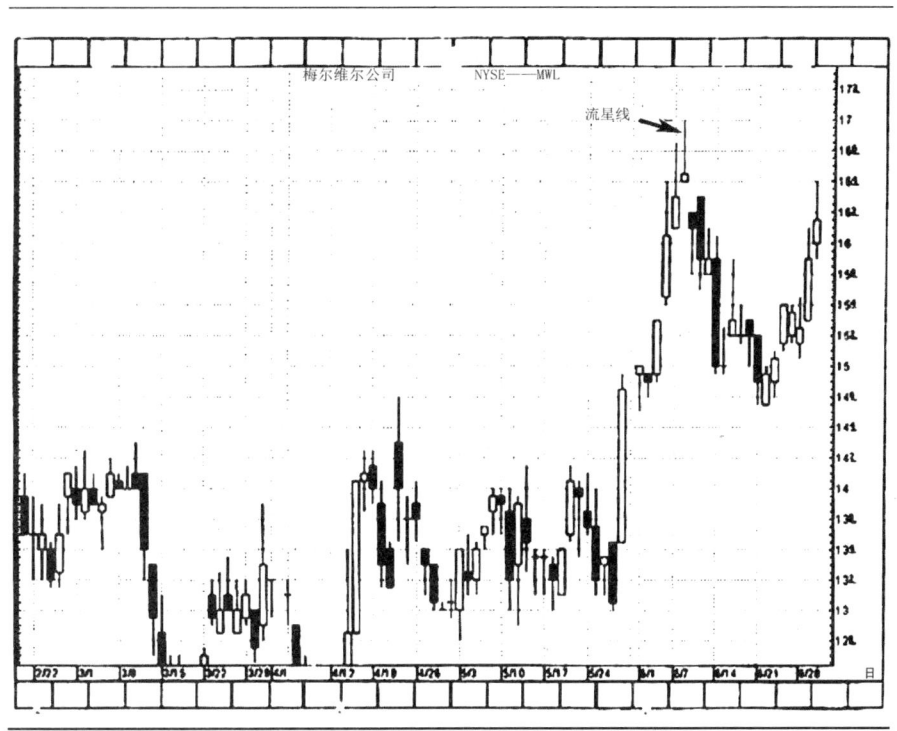

图4-4 连续四天上涨后出现流星线

跳空是重中之重。实际上，我甚至认为，流星线和前一天涨跌幅的跳空越大，即将反转的信号越强。图4-5中的跳空很大，注意，流星线之后出现的下跌非常强烈。

图4-5 大幅跳空后的流星线

还记得上吊线的验证原则吗？收盘价要低于上吊线的实体，才能得到验证。这一原则同样适用于流星线，只有第二天的收盘价降低，表明下降反转很可能发生时，才能得以确认。请看图4-6里这一原则的效果。

第4章 流星线和风高浪大线

图 4-6 流星线得以验证

几个看起来像流星线的 K 线的确"貌"副其实，因其显示出多头无法拉高价格，每次价格都回调到实体里。这种重复出现的形态显示出多头后继无力，但真正的反转出现在下跌实际开始的前后。

另一个影响价格如何运行的因素是我所说的心理价格区。流星线出现在这些区域或周围时，例如出现在 10 或 100 的整数倍价格线，反转更有可能发生。交易商有意在这些障碍区反转，如图 4-7 所示。流星线并非理想形态，因为没有出现高于前一天的价格跳空，但 100 美元线发挥了压倒性作用，流星线形成反转信号。如果是其他价格，我怀疑流星线能否促使我采取行动，但 100 美元的心理价位同样重要。

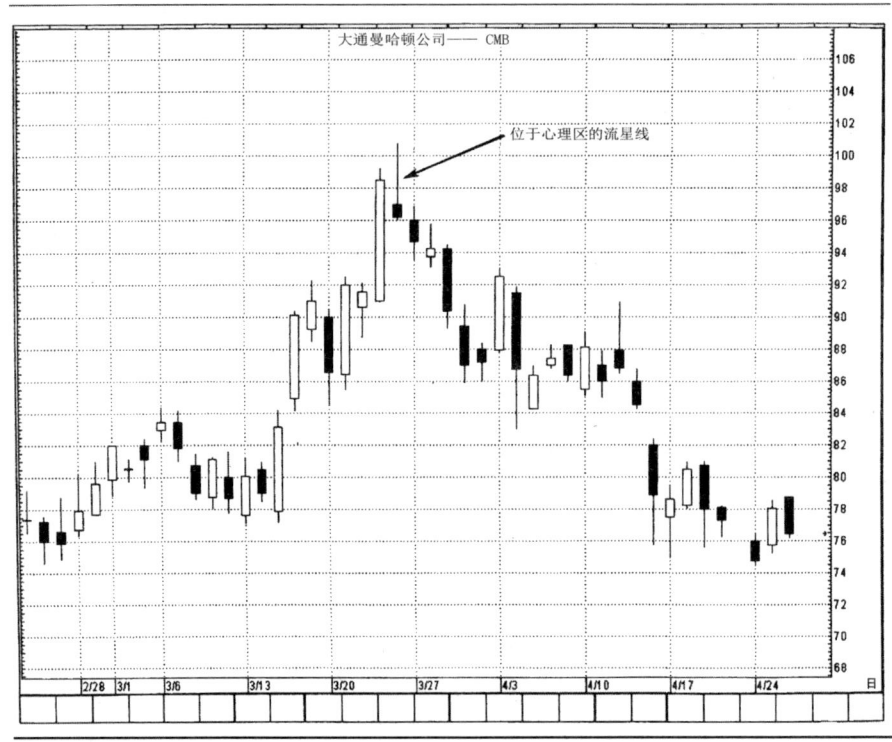

图4-7 位于心理价位区的流星线

风高浪大线

另一个显示影线在反转信号中具有作用的K线是风高浪大线。这种K线上下影线都很长,实体相对很小,是陀螺线的变形,也预示着动力减缓。但是上下影线很长又表示市场很纠结,多空双方都想要控制,但价格回调到实体的小幅涨跌中。图4-8显示出风高浪大线的形状。

第 4 章　流星线和风高浪大线

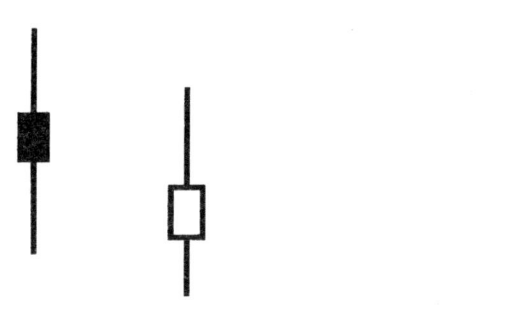

图 4-8　风高浪大线

图 4-9 是个有意思的形态。几个风高浪大线出现很早，之后市场大幅下跌。这个信号很隐蔽，因为风高浪大线和大幅下挫之间有一段间隔。即使这样，四节里有三节出现风高浪大线，之后价格重挫，谁处于主导就毫无疑问了。

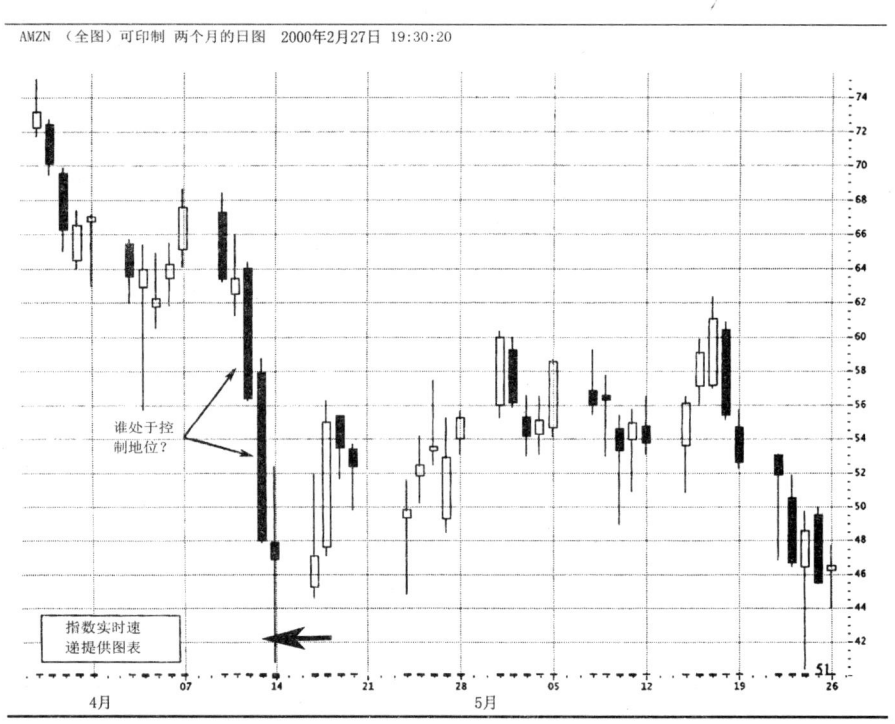

图4-9 几个风高浪大线

有时单节的风高浪大线表示完全反转,即使前几节的趋势看起来非常强劲,在图4-10里,三天的上涨因第四天出现风高浪大线而告终。一些人可能认为这就是上涨趋势的持续,但别忘了上下影线的意义。陀螺线形态表示动力消失,出现风高浪大线就应该抛售或者应该买空了。

第 4 章　流星线和风高浪大线

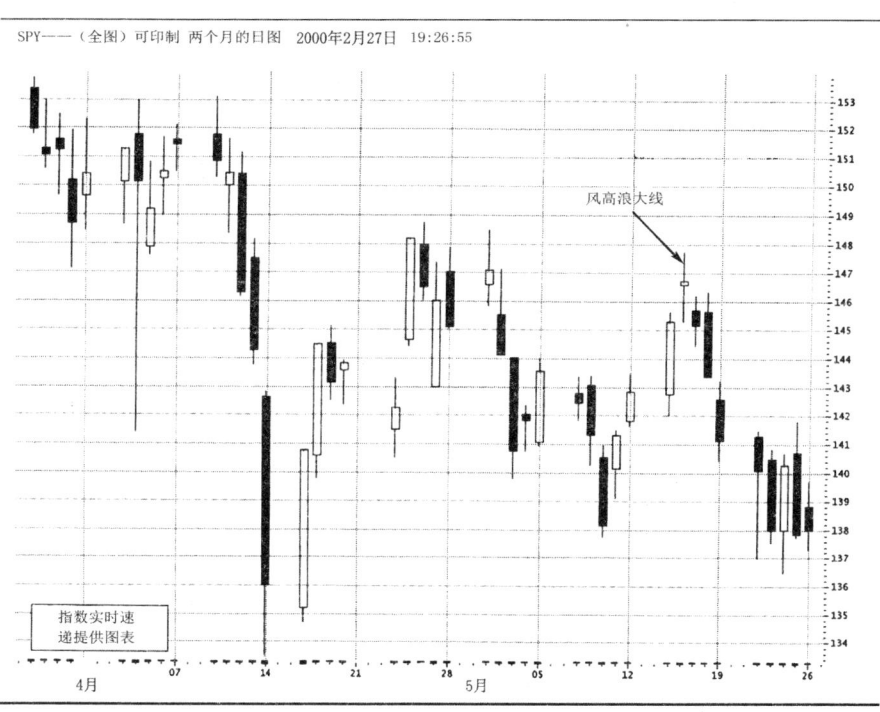

图 4-10　风高浪大线形态

风高浪大线，实体很小而上下影线很长，表示随着动力减缓，市场出现胶着状态。这个 K 线表示多空双方都无法主导市场方向。

如果压力被突破或者出现新高，风高浪大线很可能出现。这样，价格通常会立即回调。图 4-11 即是如此：价格水平稳定上涨了一段时间，但出现了双风高浪大线，这是表示反转即将发生的强烈信号，恰如此例所示。

图 4-11　双风高浪大线形态

　　风高浪大线甚至会出现在下跌趋势的底部，这不会显示多大的反转意义，但却显示出当前趋势正在失去动力。图 4-12 中有三天出现风高浪大线。第一个表示短期下跌趋势终结，但这条 K 线本身不是特别有用，因为无从知道会不会带来反转。但再想想出现在价格短期顶部的第二个和第三个风高浪大线，尽管过了几天短期趋势才结束，但后两个风高浪大线——第二个和第三个就是典型的风高浪大线出现方式。

第4章 流星线和风高浪大线

图 4-12 三天的风高浪大线

和大多数的图表研究者一样,我喜欢形态以三个为一系列出现。因此短期上涨趋势应该包括三个或更多的白色 K 线,最高价和最低价逐一提高;下跌趋势则相反,包括三个或更多的黑色 K 线,最低价和最高价连续降低。如果出现风高浪大线,反转信号非常强烈的话,也会出现同样情况。但不一定必须是连续出现。图 4-13 中出现三个风高浪大线形态,分别被两条 K 线隔开。这不常见,但想想上影线的形状,的确预示了反转。

图4-13 三个风高浪大线形态

趋势底部也会出现同样的情况,这时下影线未完全发挥风高浪大线的作用,而是确立了新的支撑水平。空头将价格拉低至压力之下失败的次数越多,反转越有可能发生,如图4-14所示。

第4章 流星线和风高浪大线

图 4-14　单线 K 线

虽然影线在确立趋势反转时非常重要，但 K 线图的实体同样很有意思。第 5 章就讲如何理解实体形态演变。

自测题

1. 长上影线经常预示着：（　　）

    A. 多头未能拉高价格。

    B. 上涨趋势即将出现反转。

    C. 当前趋势的动力减缓。

    D. 以上皆是。

2. 流星线包括：（　　）

    A. 小实体和特别长的下影线。

    B. 小实体和至少有实体两倍长的上影线。

    C. 上吊线，但与前一天的交易涨跌之间没有价格跳空。

    D. 当前上涨趋势最高点的陀螺线。

3. 流星线并非是可靠的反转信号，例外情况是：（　　）

    A. 出现在从前一天涨跌幅上涨跳空之后。

    B. 两个以上连续出现。

    C. 伴随交易高峰同时出现。

    D. 以上皆是。

4. 心理价格区是：（　　）

    A. 交易商的最初股票净值，实际的收支平衡价格。

    B. 压力之上或支撑之下的所有价格，特别是奔跑跳空时出现突破时的价格。

    C. 整数的价格水平。

    D. 与分析师的预计目标价格相同的市场价格。

5. 风高浪大线是：（　　）

    A. 价格回调前出现在最高价的 K 线，形状类似海浪的运动形态。

B. 多头处于主导的信号。

C. 实体小、上下影线很长的形态,表示市场纠结。

D. 价格在特别强劲的运动后,出现回调的趋势。

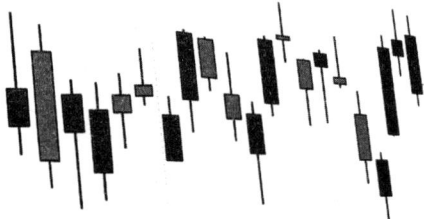

第5章

吞没形态

到现在为止我只讲了单线信号,但如果看到两个或更多K线的组合,所传达的信号当然就更强烈。吞没形态就是双线信号,预示上涨或下跌。图5-1列出了两种情况。

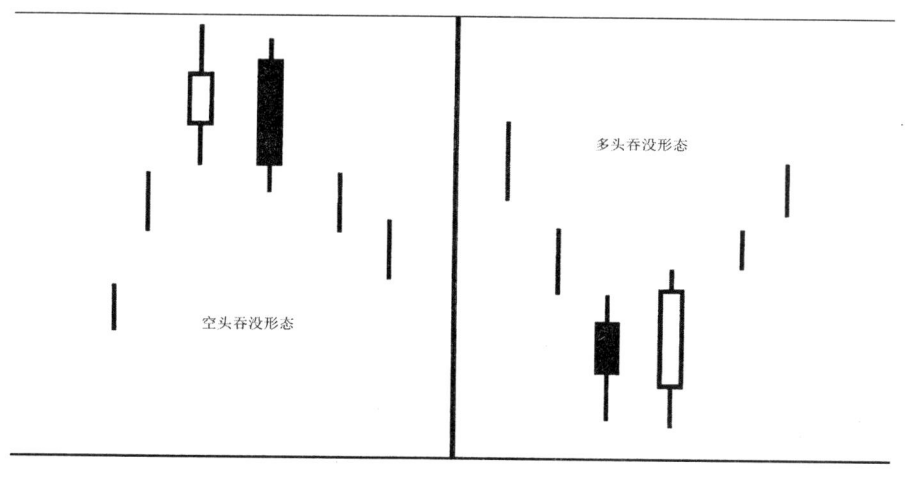

图5-1 吞没形态

吞没形态，是双线形态，第二天的涨跌幅在上下两个方向上都超过前一天。

空头吞没形态是黑色实体包裹了前一个白色实体。前后两个开盘价和两个收盘价的差额都很大，因此黑色实体吞没了前一个涨跌幅。如果黑色实体吞没了前一天的白色实体，这就是强烈的下跌标志。这个形态出现在上涨趋势的顶部，表明趋势即将反转，要开始下行。

相反的则是上涨标志。这时，白色实体包裹了前一天黑色实体的开盘价和收盘价，会出现在下跌趋势的底部，预示着反转来临。

如果在趋势恰当位置出现颜色相反的吞没K线（空头吞没形态出现在上涨趋势的顶部或多头吞没形态出现在下跌趋势的底部），这就显示动力正在改变。空头吞没形态下，空头接替多头；多头吞没形态下，多头接替空头。

图5-2表明了吞没形态的一个重要特征，类似于锤子线和流星线这些单线形态的属性。吞没线越长，信号越强烈。

图 5-2 吞没形态

这张图里，典型的双线空头吞没形态出现在顶部，但黑色的吞没线不是很长，对比之下，出现在下跌趋势底部的白色多头吞没线就很有力。

空头吞没形态，是出现在上涨趋势顶部的双线形态，其中黑色实体的开盘价和收盘价分别高于和低于前一天的白色实体，表明反转即将出现。

多头吞没形态，是出现在下跌趋势底部的双线形态，其中白色实体的开盘价和收盘价分别高于和低于前一天的黑色实体，表明反转即将出现。

支撑和压力水平

吞没形态提供的不只是反转信号。空头吞没形态中的黑色实体中部附近将形成新的压力,第二个压力位于实体的上线。另外,多头吞没形态中的白色实体中部附近将形成新的支撑,第二个支撑位于实体的下线。例如,图5-3就是15分钟的日内线图,上面标出了多头吞没形态。

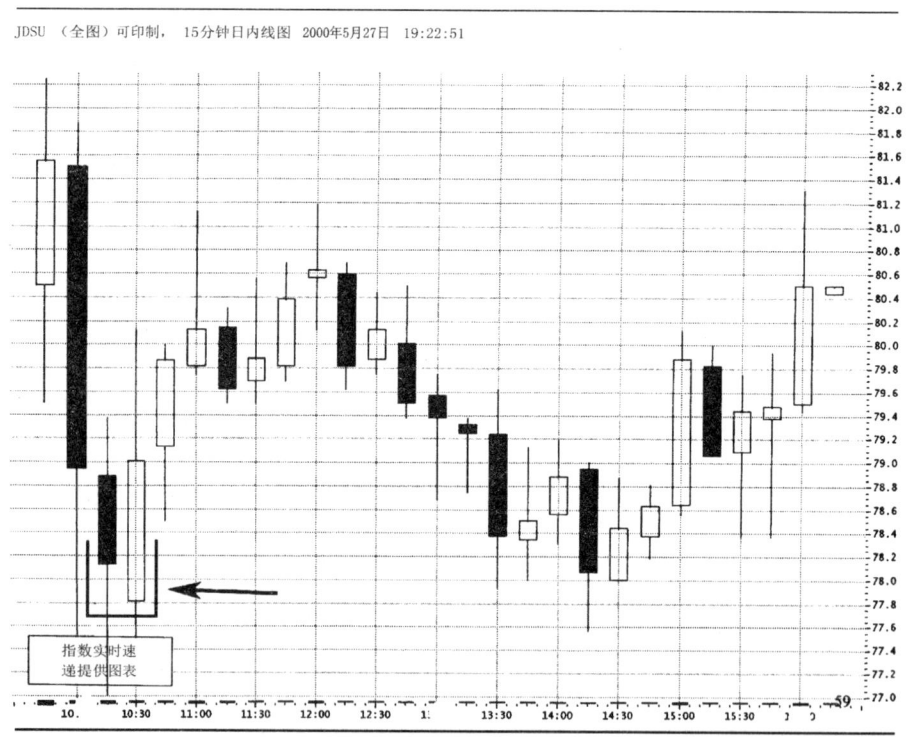

图5-3 多头吞没形态的15分钟日内线图

大家会认为新的支撑位于白色长K线的中部,但日后的交易水平显示,这条支撑线遇到了挑战。即使如此,白色K线下线的第二条支撑线坚守住了阵地。第一条支撑线也发挥了作用,因为日后的交易都没有跌破,上涨趋势随后得以延续。上线的支撑作用也是这样,如图5-4所示。

第5章 吞没形态

图5-4 空头吞没形态建立压力

这个例子里新的交易幅度更加有力。但是，空头吞没形态上线形成的第二条压力线最终成为新的压力线，而且地位牢固。

大家有可能认为新的支撑或压力线一旦形成，价格就不会再回头检验。而实际上价格趋势的确常常一再检验新确定的涨跌幅。请看图5-5，下跌趋势底部出现一个小的多头吞没形态，然后趋势掉头了，但又回调检验了一次支撑线。

图5-5 多头吞没形态

位于吞没形态下线的支撑非常清晰，价格没有再次跌破该线。第二次考验时，价格跌破该支撑线，但又回头在线上收盘。对于多头来说，这是个鼓舞人心的信号，表明支撑线很牢固，经受住了考验。

图5-6是另一个空头吞没形态确立新压力的例子，图中不仅出现了吞没前一天K线的黑色线，而且其上下影线都特别长。

第 5 章 吞没形态

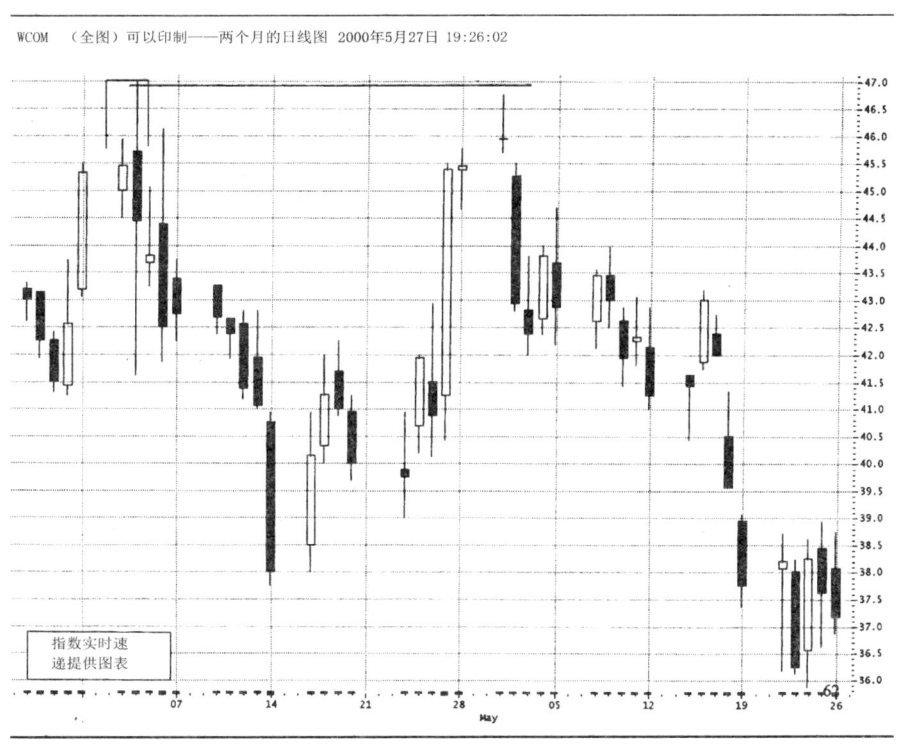

图 5-6 空头吞没形态确定压力

这时有三种办法来确立压力。第一，借助上影线，根据图表所示，上影线的压力很牢固；第二，根据实体的最高价，最高价仅经过一次考验，之后价格的确回调了；第三，利用黑色吞没线的中点，这个压力线日后被四次突破。如果把压力线看作一个幅度而不是一个固定的价格，价格的集合行动：包括开盘价和收盘价以及交易涨跌幅所形成的新压力线更为可靠。

趋势

图5-7很有意思，显示了其他几个诠释吞没形态的方法。这张日线图包含的几个多头吞没形态一目了然，并且实际上建立了一系列不断升高的支撑线。注意强劲上涨前出现的三个十字线。

图5-7 多头尽显实力

大家都知道任何趋势都不能久盛不衰，但是这次的上涨至少有几个短期有利信号。三个十字线连续出现的现象非常少见。价格上涨势头强劲，这种情况下我总是会说："让多头尽情发挥。"涨势直到最高点，在空头吞没形态出现时才刹车。对这种情况有两种解释，可以认为急涨急跌是在检验压力线（由前一涨跌幅确定，并由后面的几个整理K线验证）；还可以

第5章 吞没形态

认为这是典型的短期上涨和下跌，典型的波动交易形态。无论如何理解，核心点在于K线形态提供了确定时机的有利信号，而且最顶部的空头吞没形态是最佳的定时信号。

有时候看起来趋势要终结了，但还无法确定，出现的信号可能优劣交杂。例如，可能出现几天下跌，而最后一天是窄幅震荡，这是波动交易商喜欢的经典转向信号，如图5-8所示。

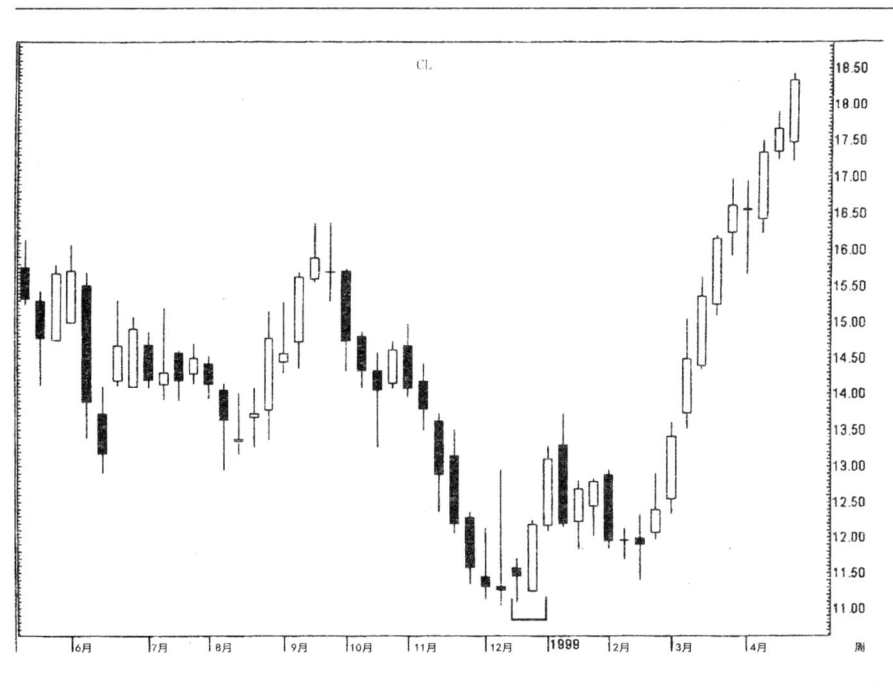

图5-8　多头吞没形态——信号多空交杂

下跌非常急速，刚开始好像以一个窄幅波动终结，接着又是一个更窄幅的波动，这些都是强烈的信号，但同时，趋势还是下跌，意味着下跌可能未真正结束。完美的一个窄幅波动不仅仅是窄幅，而且会改变趋势的方向，因此这里的白色K线是个更强烈的信号。

那么面对这样左右不定的局势，该怎么办？后面两个K线构成了多头吞没形态，谜底自然被揭开。这时不仅出现了强烈的转向信号，而且随后出现的窄幅运动验证了极可能结束的下跌趋势。现在既有信号，也经过了验证，多头该摩拳擦掌了。

吞没形态的另一个变形是吞没线不仅包裹了前一K线，而且是前几个K线。趋势失去动力时，实体也就有可能越来越小。多空双方都小心谨慎，因此出现了窄幅震荡的趋势。即使如此，仅仅根据越来越小的实体无法判断趋势是反转还是继续。如果出现吞没形态而且吞没了之前几个K线，迷雾就一扫而光了。图5-9就是这种情况。

图5-9　空头吞没形态

黑色吞没线包裹了前五个K线。这是非常强烈的信号，此后就出现了急速下跌，一路出现了几个长黑线和跳空。另一个值得注意的信号是吞没

第5章 吞没形态

线和被吞没的若干K线的相对长度。典型的情况是，吞没线和被吞没的若干K线的振幅很接近，但如果是由非常长的K线吞没了非常小的K线，这就意味着强烈的反转信号，同样预示着上线会构成牢固的新压力线（或下线构成支撑线）。图5-10是这种情况下的空头吞没形态。

图5-10 空头吞没形态

如此确立的新压力线并未在随后的交易中被突破，实体的抵消作用增强了这一压力线的作用。当然，仅仅分析一只股票的价格变化并非明智之举，还需要留意整个大盘。图5-11显示了这样做的效果。

图 5-11　新压力线——上涨趋势

这里的上涨趋势非常强劲，随后失势回调。交易商这时可能无所适从，价格是掉头下跌到原低位还是仅仅中场休息？道指下跌到150点时，短期而急速的下跌结束了，从中可以得到最初的答案。大家预计股票会跟随道指而动，本图的麦当劳是道指的成分股，当然对指数的趋势有所贡献。即使如此，道指大挫当日出现了多头吞没形态，这（正确）预示了随后出现的另一轮上涨。之所以如此，不仅因为出现多头吞没形态，而且还因为道指的下跌提供了买入机会，两个信号彼此验证。

有些情况下，趋势在酝酿过程中反转之前并无任何明显信号，直至反转明显而突然出现。图5-12显示了木材期货的价格趋势。开始是整理运动，接着突然开始上涨。如果价格保持同一方向，如何知道退出时间？那

第 5 章 吞没形态

就是要找到吞没形态。

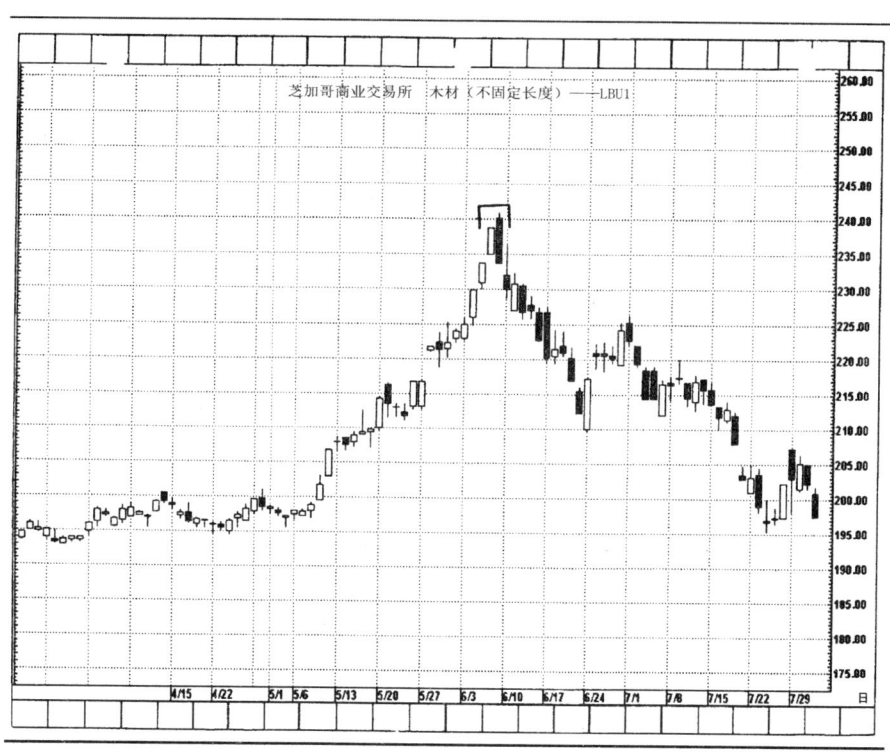

图 5-12 价格趋势

这个例子里，上涨戛然而止，顶部出现了空头吞没形态。信号非常明确，无法错过。这个空头吞没形态将前一个上涨一路拉低到先前的低价。市场一直都会发出这样的信息，需要分析师和交易商来解读这些市场信息，从中找到线索。

自测题

1. 吞没形态包括：（　　）

    A. 一个长 K 线，包裹了后一天的开盘价和收盘价。

    B. 一个长 K 线，包裹了前一天的开盘价和收盘价。

    C. 一个趋势，完全填补了前一个反方向移动趋势形成的跳空。

    D. 一个填补的跳空，从压力线之上的价格回调（下跌）或从支撑线之下反弹（上涨）。

2. 空头吞没形态包括：（　　）

    A. 位于上涨趋势顶部的两条 K 线。

    B. 一个黑色实体，其开盘价和收盘价分别高于和低于前一节。

    C. 其后出现黑色实体 K 线的白色实体 K 线。

    D. 以上皆是。

3. 多头吞没形态：（　　）

    A. 出现在下跌趋势的底部。

    B. 总是包括两个白色实体 K 线，出现在一系列黑色 K 线后。

    C. 位于上涨趋势的顶部，表示趋势持续。

    D. 以上皆是。

4. 吞没形态：（　　）

    A. 可能建立新的压力，但不能建立新的支撑，因为其自身无法限制价格下跌。

    B. 可能建立新的压力（空头吞没）或新的支撑（多头吞没）。

    C. 可能建立新的压力（多头吞没）或新的支撑（空头吞没）。

    D. 与压力或支撑毫无直接关系。

5. 吞没线包裹前几条 K 线的开盘价和收盘价时：（　　）

A. 不是真正的吞没形态，而是个假信号。

B. 该信号是非常强烈的反转信号。

C. 所预示的反转还不确定。

D. 反转信号被当前趋势的持续信号代替。

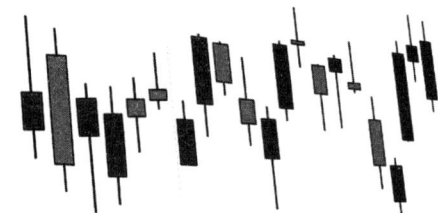

第6章

其他双线形态

乌云盖顶

双线形态有多种变形。例如乌云盖顶形态会出现一个黑色 K 线，开盘价比前一个 K 线的收盘价高，但收盘价位于前一个 K 线的实体中：开盘价升高，但价格下跌。图 6-1 是这种形态的确切形状。

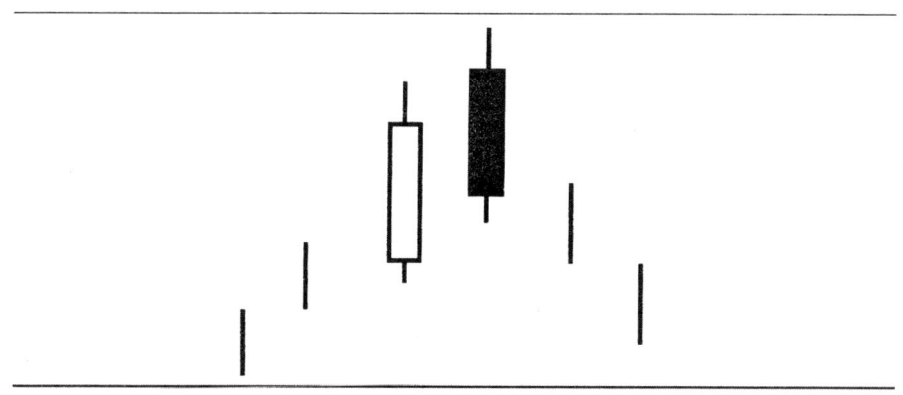

图 6-1　乌云盖顶形态

图6-2中出现白色K线,第二天价格跳空上扬,而且看起来势头强劲,这让多头很高兴。当然,一开盘时没办法知道价格会回调,但看看乌云盖顶形态时价格的表现。

图6-2 乌云盖顶形态

这一形态让多头面对看似有力的上涨反复思量,这时可能应该止损买盘,甚或开始买空。图6-2中,随后的确出现了下跌,显示乌云盖顶是个强烈的下跌信号。一开盘出现的价格跳空具有欺骗性。这种形态几乎算是个空头吞没形态,但还不确切。如果认为吞没形态是日全食,那么乌云盖顶形态就是日偏食,也是同样性质的信号,这两个形态的区别很微妙。如果我发现乌云盖顶验证了压力,就更倾向于认为这是个吞没形态,并非验证了压力。我们来看看图6-3中乌云盖顶形态如何形成压力线。

第6章 其他双线形态

图6-3 乌云盖顶形态构成压力线

如图标记所示,"雅虎"由乌云盖顶形态建立了清晰的压力点。价格在达到顶部之前强劲上涨后,出现这个形态就非常有价值,预示着趋势减弱、反转出现,没有这个乌云盖顶就没有办法知道上涨趋势何时完结。

图 6-4 乌云盖顶形态

反应并非总是立竿见影,但以跳空后的白色长 K 线为标志,可能表示运动太快,造成趋势衰竭。如果随后发现了乌云盖顶,极有可能意味着即将出现下跌——虽然并非总是下一条 K 线就出现下跌,但也很快出现。注意图 6-4 中这种形态演变的过程,交易随后出现整理,进而就是下跌。

十字线组合

在形态本身之外,我们还要善于发现信号组合。例如,十字线出现在白色长 K 线之后,如图 6-5 沃尔玛公司的股票走势所示。何时才能确定信号成形了?别忘了,直到收盘才能知道当前 K 线的形状。

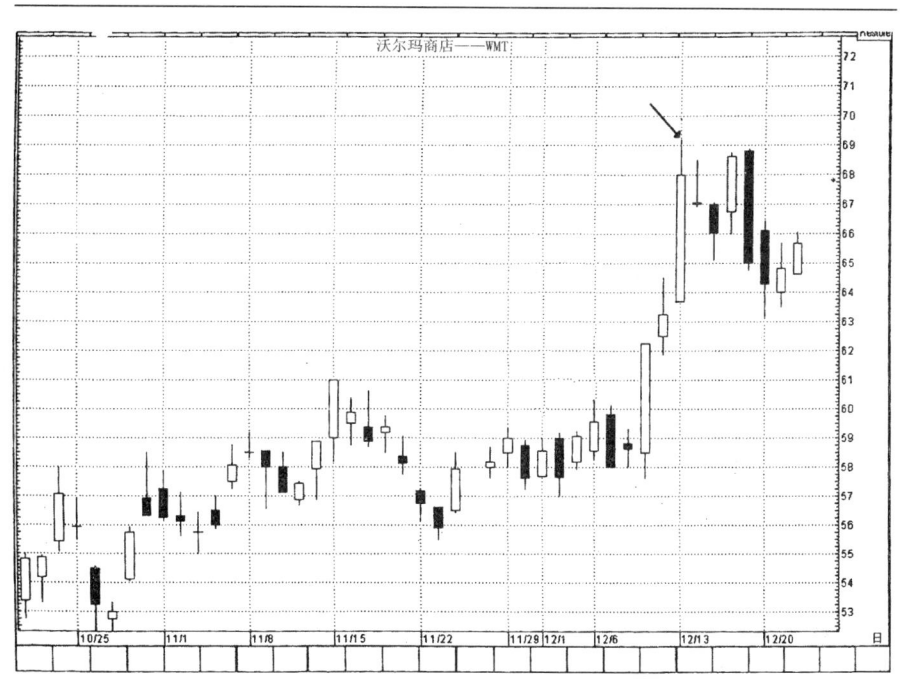

图 6-5　白色长 K 线后出现十字线

在这个组合里,我重点关注十字线。这确实是乌云盖顶形态,但形状比较奇怪,因为实体的开盘价低于前一个收盘价,价格上涨高出开盘价,随后又下跌。我更愿意看到一个黑色实体高于前一个收盘价,然后再下调。这个形态表明 K 线形状并非一直完全照搬理想的形状,重点是价格随后如何运行。

本例中,价格下跌,但运行非常反常。图 6-6 是另一个形状比较好的乌云盖顶形态,也是沃尔玛商店的数据。

图 6-6 形状比较好的乌云盖顶形态

注意先是白色长 K 线,然后是黑色小 K 线,看起来像一个顶部,并构成新压力,但直到第二个标记的形态——黑色小 K 线和后面的黑色长 K 线出现,压力才得以验证。这是短期下跌的开始,接着盘整,然后下跌卷土重来。

混合

很多实例中 K 线无法形成理想条件。为了正确分析形态,把两条线组合成一条线,构成一条混合 K 线的办法很有用,这样就能比较清晰地看出原本模糊的信号是利多还是利空。图 6-7 显示了混合的构成。

第6章 其他双线形态

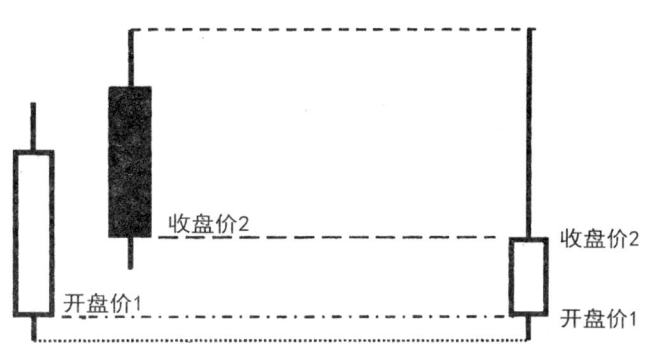

图 6-7 混合 K 线

混合，是将两个或更多的 K 线组合而成一条 K 线，目的是分清趋势以及涨跌幅和价格的变化。

要混合，就要先找到第一条 K 线的开盘价，以此作为混合 K 线的开盘价；然后取第二条 K 线的收盘价作为混合 K 线的收盘价。现在就把白色 K 线和后面的黑色 K 线变成一条实体非常小的白色混合 K 线，因为第二条 K 线的收盘价高于第一条 K 线的开盘价。然后实体上下的延展线变成混合 K 线的上影线和下影线。最大的最高价成为混合 K 线的上影线，最小的最低价成为混合 K 线的最低价。

本例中，很难理解两个单独 K 线的含义，但混合 K 线因为上影线很长，传达出强烈的下跌意图。将三个或更多 K 线混合在一起也是用相同的办法。第一条 K 线的开盘价作为混合线的开盘价，最后一条 K 线的收盘价作为混合线的收盘价，最高和最低的延伸线成为混合线的影线。

混合时要非常小心，不要扭曲数据来得到希望的结果，混合是用来提高分析能力的，不是用来操纵数据的。图表的时间段也可以改变，比如说，如果认为周线图比日线图更有价值，选择周线图时，就是把日线图的结果混合在一起。如果要把15分钟线图的数据累积到小时线图里，就是把四条线混合为一条线。

关键是选好适用的时间段，选择能够提高确定时机能力的图线形式。对很多人来说，就是坚持使用正在用的时间段图线，偶尔混合一些K线，来找到更好的信号。

把混合作为一个可选工具，在条件有些困难时使用这个改善形态，可能会发现隐藏在两三个单独K线后面的隐蔽的强烈反转信号。

刺透形态

混合是在无计可施时偶尔使用的。刺透形态就是这样，图6-8显示了这种形态。

刺透线，是双线K线图形态，其中第二条K线与第一条K线的颜色相反。多头刺透线的前一天是下跌运动，开盘价低于前一天的收盘价，收盘价在前一天的实体之内。空头刺透线是黑色实体开盘高于前一个白色K线，然后价格下跌，收盘价位于前一个K线的范围内。

刺透形态与乌云盖顶形态相反。本例中市场下跌，出现黑色实体，特别是连续几个黑色实体，这意味着空头处于控制，然后出现了白色实体，但要等到市场收盘才知道是白色实体。

第6章 其他双线形态

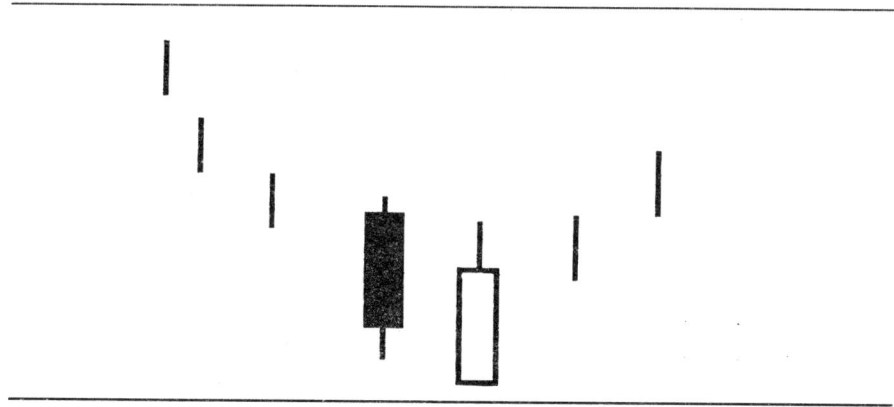

图 6-8 刺透形态

图 6-9 中,上涨趋势顶部出现乌云盖顶形态,然后刺透形态出现在底部,这两个都是反转信号。注意刺透形态里第一天的收盘价和第二天的开盘价之间的跳空,跳空深入到刺透形态里,这是强烈的反转信号。

图 6-9　乌云盖顶和刺透形态

还可以通过刺透形态建立新压力和支撑,其可能出现在第一条 K 线的中点。本例中,支撑在 53 元或 54 元附近。留意日后的交易运行,支撑线坚守了阵地。这个形态也可以验证之前建立的支撑线,如图 6-10 所示。

第6章 其他双线形态

图 6-10 刺透形态

位于 53.60 元附近的支撑很明显，刺透形态跳空下跌到支撑线下，然后又上行，引发强劲上涨。本例中，刺透形态的形状很隐蔽，但却是有力的反转信号。刺透形态确定新支撑时，支撑可能要经过几次检验，然后空头才能让位给最终得势的多头，从而控制价格运行，开始上涨。图 6-11 里戴顿-哈德逊公司的交易就是反应延迟的例子。

图6-11 戴顿-哈德逊的刺透形态

这个刺透形态的第二天开盘时出现非常大的跳空，然后发展成为白色长K线，这是由三部分构成的验证信号：刺透形态、后面出现白色K线的下跌跳空以及白色长K线。这三个都传达了强烈的上涨信号，但三个组合在一起出现非常少见。注意新支撑被考验了几次，然后价格突破上涨。

现在几乎讲完了所有的K线形态，要关注的不仅仅是股票的价格变动，还要在整个大市场环境下考虑价格变动。图6-12里，强劲的下跌趋势以刺透形态终结。美国在线的图表里，持续至今的上涨/下跌行为表明了支撑线。但值得注意的是，刺透形态出现当日，道指下跌了250点。

第6章 其他双线形态

图 6-12　以刺透形态终结的强劲下跌

如果出现两个刺透形态，该怎么办？也就是说，双线的刺透形态后面还是个刺透形态。图 6-13 的短期国债期货就是这样的例子。同时还形成了新的支撑线，日后几经考验，牢不可破。

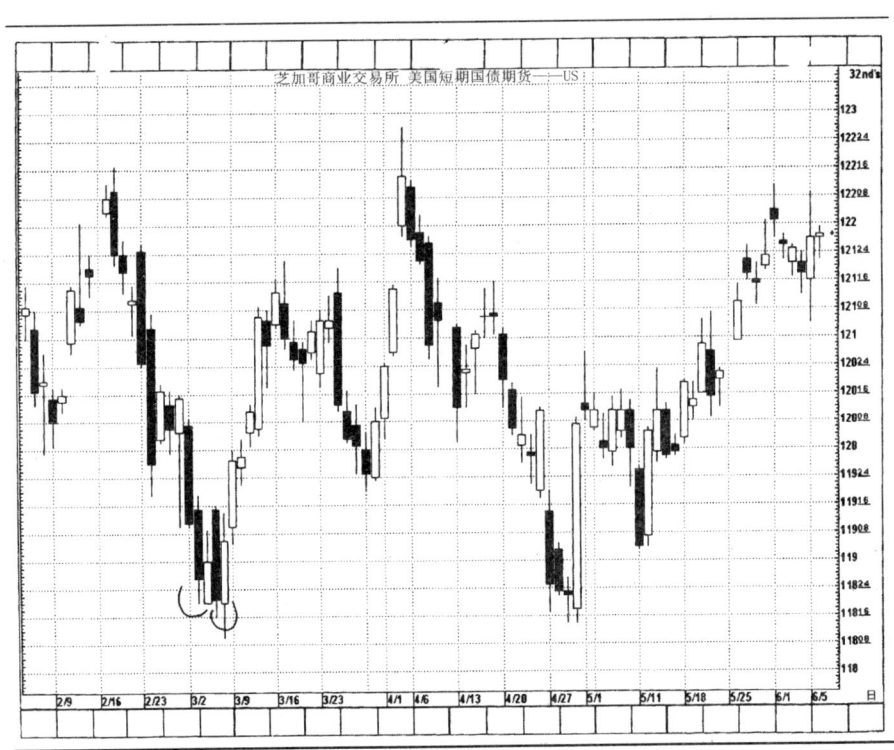

图 6-13 短期国债期货的双线刺透形态

这说明,验证一个形态有很多方法。因此如果看到第一个刺透形态还有所犹豫,第二个刺透形态出现时,就好像是闹钟响过一次之后第二次再响,应该平、空仓或该买入了,因为价格开始上涨。

第6章 其他双线形态

自测题

1. 乌云盖顶是：(　　)

    A. 是双线形态，位于下跌趋势的底部，预示上涨反转。

    B. 白色K线和黑色K线先后出现，前者的开盘价和收盘价差额较小，或黑色K线被前一个涨跌幅覆盖。

    C. 黑色K线开盘高于前一个白色K线的收盘价，但随后以下跌报收，K线呈黑色。

    D. 既可能是上涨信号也可能是下跌信号，取决于后续K线的颜色。

2. 乌云盖顶形态出现时，其确认信号是：(　　)

    A. 价格随后下跌。

    B. 价格随后上涨。

    C. 价格上涨跳空后出现十字线。

    D. 交易量陡增至最大。

3. 混合是指：(　　)

    A. 分析一个行业里一系列股票的K线形态，而不是分析其中一只股票的K线形态。

    B. 用盈利交易来抵消损失，以保证投资组合的收支平衡。

    C. 在几个不同股票或商品里选择，进行多样化。

    D. 将两个或更多K线组合成一条K线。

4. 刺透线形态：(　　)

    A. 指颜色不一的两条K线。

    B. 开盘价低于前一天的涨跌幅（上涨时）或高于前一天的涨跌幅（下跌时）。

    C. 第二天的收盘价在前一天交易幅度之内。

    D. 以上皆是。

5. 刺透线：（　　）

   A. 可能建立或确认支撑或压力线。

   B. 并非与大盘的涨跌幅水平一一相关。

   C. 经过交易量陡增或其他 K 线信号验证后才有用。

   D. 以上皆是。

第7章

孕线形态和晨星、黄昏星形态

孕线形态

下一个形态还是涉及两条 K 线,就是**孕线形态**(harami),日语里的这个词就是"怀孕"的意思,对这个形态的描述非常形象。

第二条 K 线的颜色无关紧要,两条 K 线的形状和长度确定了孕线形态,请看图 7-1 对此形态的示例。

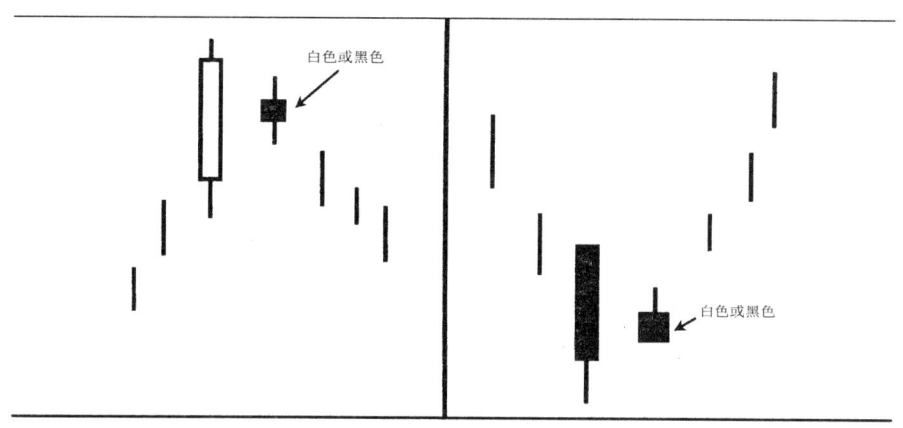

图 7-1 孕线形态

这个形状也叫作子线跟随母线。两线长度差异越大，信号越强烈。如图 7-2 所示，前一天的黑色 K 线很长，后面的黑色 K 线很短，这是典型的孕线形态。

图 7-2　孕线形态

孕线形态是非常可靠的反转信号，每个都非常容易辨认。如果孕线形态出现在上涨趋势的顶部，第一个 K 线通常是白色的，接下来就是下跌；如果在下跌趋势的底部出现，第一条 K 线就是黑色的，紧接着就是上涨。图 7-3 里，威达信公司的一张表里就出现了三个在上涨趋势顶部的反转。

第 7 章 孕线形态和晨星、黄昏星形态

图 7-3 孕线形态——威达信的三个反转

图 7-3 里的趋势很有意思。第一个上涨趋势远远高于压力线,但孕线形态出现了,表明有可能回调。上涨一方失去主动,价格回调。第二个反转发生在一个更有力的上涨之后,由价格跳空开始,这通常表明价格运动过快。第三个反转,也是这三个孕线形态里价位最高的一个,发生在两个白色 K 线之后,也隐含着运动过快的意味。

如果孕线形态出现在下跌趋势的底部，规则也一样。例如图7-4里的亚马逊公司，下跌趋势以孕线形态终结，其中第二天窄幅震荡，波段交易商称之为窄幅交易日（NRD）。可以预见，价格即将掉头，涨势强劲。

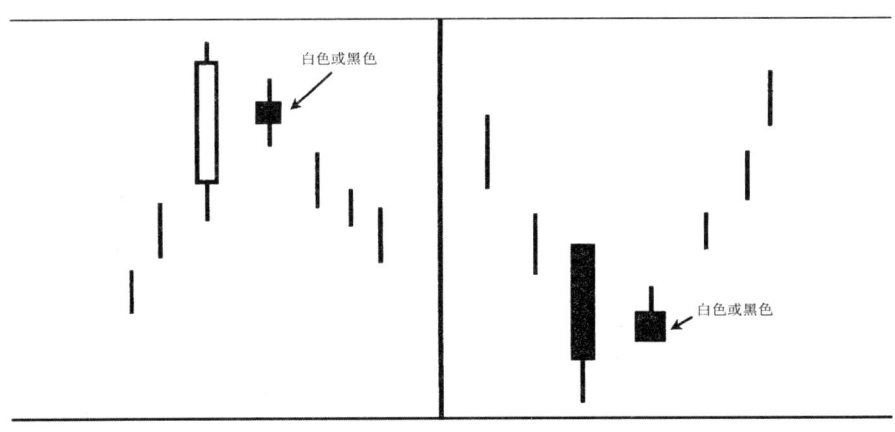

图7-4　孕线形态——亚马逊处于下跌趋势

如果趋势在一个方向上运动过快过大，反转就指日可待。这些情况下，反转信号通常是孕线形态。图7-5里的英特尔公司就恰恰说明了这一点。连续六根K线推动价格上涨，最后孕线形态出现了，收盘价第一次降低，这也是个强烈的警告，表明价格即将回调。

第 7 章　孕线形态和晨星、黄昏星形态

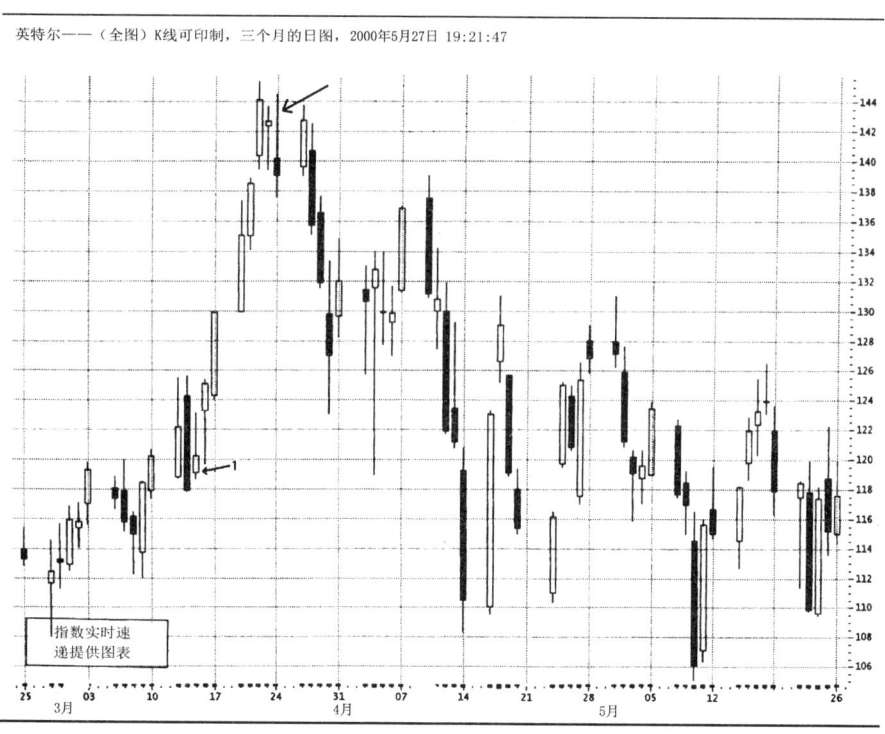

图 7-5　英特尔出现孕线形态以及第一个低收

晨星

下一个形态同样传递了强烈的信号，就是晨星形态。这是三线形态，表示上涨反转，包括一个多头扭转的锤子线，然后在第三条 K 线时开始上涨，请见图 7-6。

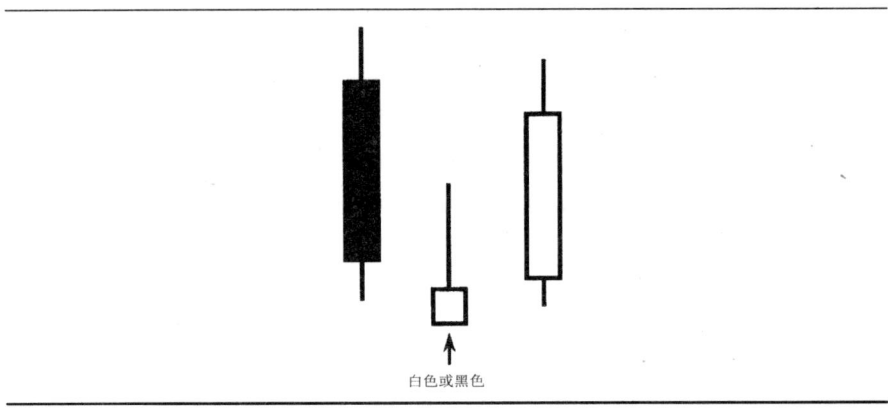

图 7-6 晨星形态——底部反转

第二条 K 线的颜色并不重要。这个形态的关键在于黑色 K 线后出现小 K 线，最后是白色 K 线。与所有的形态一样，晨星形态衡量市场是理性还是感性，有助于理性地确定时机，即使信号让人迷惑不解。约翰·梅纳德·凯恩斯有一次表示："在非理性的世界采取理性的投资政策是极其危险的。"

晨星，是三线形态，包括一个多头扭转的锤子线，并从第三条 K 线开始上涨，是上涨形态。

第 7 章 孕线形态和晨星、黄昏星形态

图 7-7 晨星和锤子线

晨星预示运动走向，大多数情况下是底部反转信号，但第一条 K 线是黑色长实体时，才有这种作用。理想的晨星形态是第二条 K 线的实体应该完全低于第一条 K 线的实体。但也并非一直如此，请看图 7-7，事实调查公司股票走势出现了一系列有趣的形态。首先是最底部的锤子线，接着是清晰的晨星形态，第三个形态是箭头所指的上涨趋势顶部的流星线。第二条 K 线的实体极小，并且上影线很长，价格没能上涨表明下跌随后来临。

图 7-8 是纳斯达克 100 指数，右边下跌趋势底部的晨星一目了然，形成 V 形反转。这并非理想的晨星，因为中间的小 K 线并未完全低于前一 K 线的涨跌幅，但其表示的意思和效果都很明确。

图7-8 纳斯达克100指数的晨星形态

图7-9美林公司的走势中,晨星紧随强劲的急跌之后,第一条K线和第二条K线的实体之间出现了跳空,接下来又是一个漂亮的跳空和一个白色长实体。

第 7 章 孕线形态和晨星、黄昏星形态

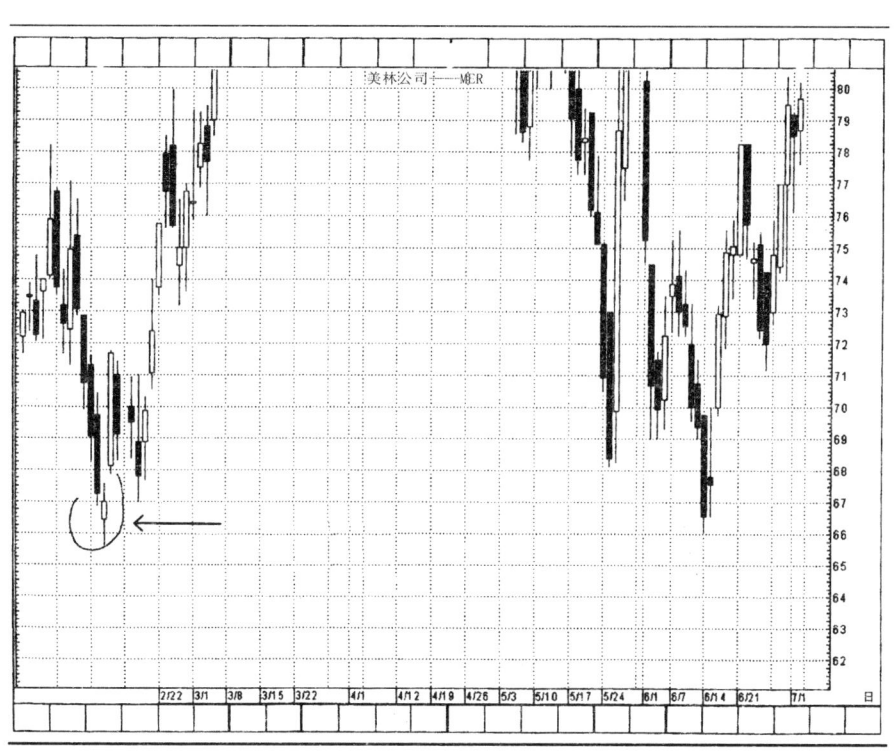

图 7-9 美林的晨星形态和风险回报

十字晨星形态

注意晨星如何确定底部即支撑线,之后支撑线的确受到考验而且成功护盘。晨星形态的一个变形就是第二条 K 线变成十字线。这个十字晨星形态也同样建立了支撑。图 7-10 宝洁公司的走势就是这种变形。

图 7-10　宝洁公司出现十字晨星形态

十字晨星形态，是晨星形态的变形，第二条 K 线是十字线。

这种情况下，十字晨星确立了潜在支持，在所显示的时间内都是有效支撑。即使如此，价格变化可能具有欺骗性，其暗示的支撑区不是一直可靠。图 7-11 里，晨星出现在联邦能源短期下跌趋势的底部，但不一定就确立了新的支撑区。价格实际上看起来可能还会下跌，但随后却是强劲上涨。

第 7 章 孕线形态和晨星、黄昏星形态

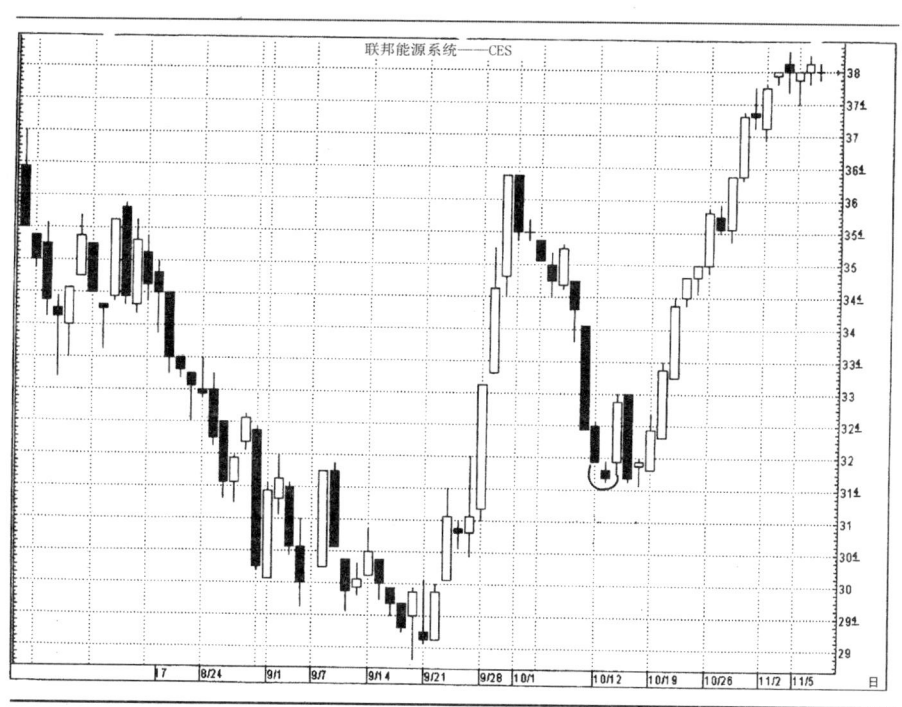

图 7-11　联邦能源出现晨星形态

假信号

现在我讲讲隐蔽的假信号。K 线图形态不能保证 100% 正确。日本有句老话，说："不能因为水面平静就以为没有鳄鱼。"因此即使看到晨星这样的清晰形态，价格也可能不涨反跌，原因可能是公司有意料之外的收入，分析师改变推荐建议，或者传出影响公司产品和市场的坏消息。看看图 7-12 里康柏的例子。

晨星形态没有出现在下跌趋势的底部，而出现在整理运动的末尾，这就是晨星形态并不可靠的标志。如果根据这样的晨星形态买入，就会有损失，第二天跳空下降，开盘比前一个收盘价低七元，随后交易进入整理阶

段，并没有上涨补空。

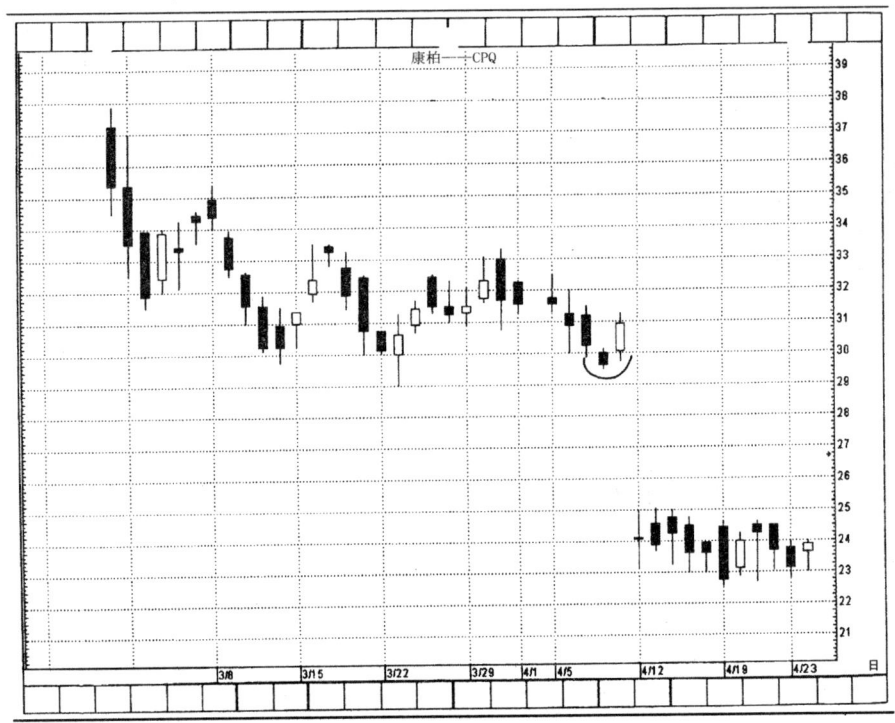

图 7-12　康柏的假信号

黄昏星形态

与晨星形态相对应的就是**黄昏星形态**，这个下跌形态包括空头扭转的锤子线，第三条 K 线开始下跌。有些情况下，同一表里的趋势起止两端，会分别出现晨星形态和黄昏星形态。

黄昏星形态，是三线的下跌形态，包括空头扭转的锤子线和第三条下跌的 K 线，表示下跌反转。

第7章 孕线形态和晨星、黄昏星形态

请看图7-13的纽约银行，其中包含了两种"星"形态，先出现的是上涨趋势顶部的黄昏星形态，然后是出现在下跌趋势底部的晨星形态。

图7-13 纽约银行的"星"形态

图7-14还是一个晨星形态，第一条K线和第二条K线之间出现重要跳空，明确确立了下跌趋势。

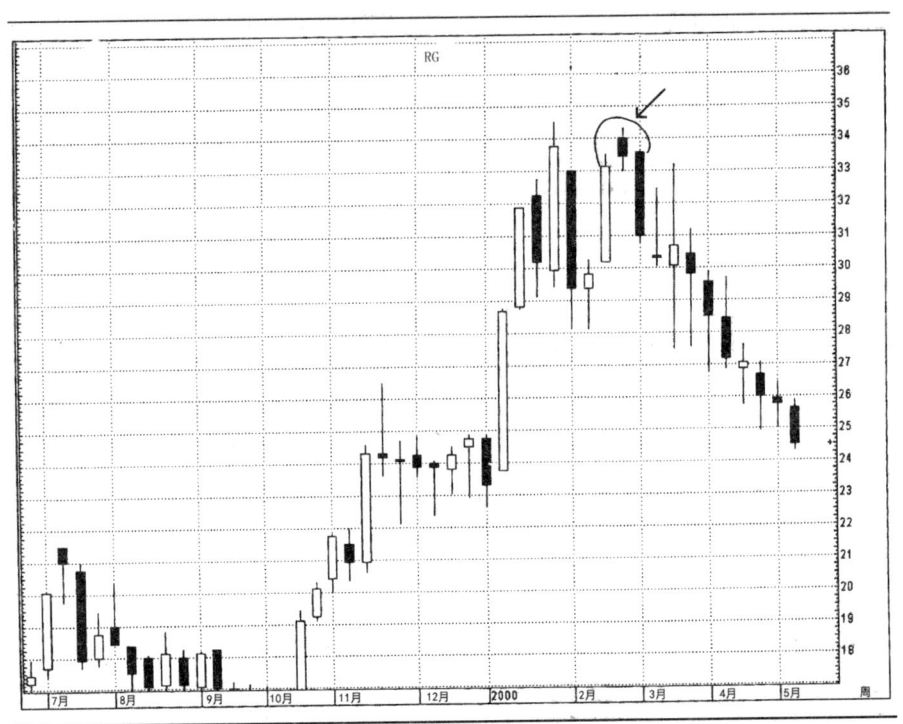

图 7-14 黄昏星形态

黄昏星成对出现时,信号就特别强烈。背靠背黄昏星形态非常特殊,如图 7-15 里纳斯达克综合指数所标记之处。

第7章 孕线形态和晨星、黄昏星形态

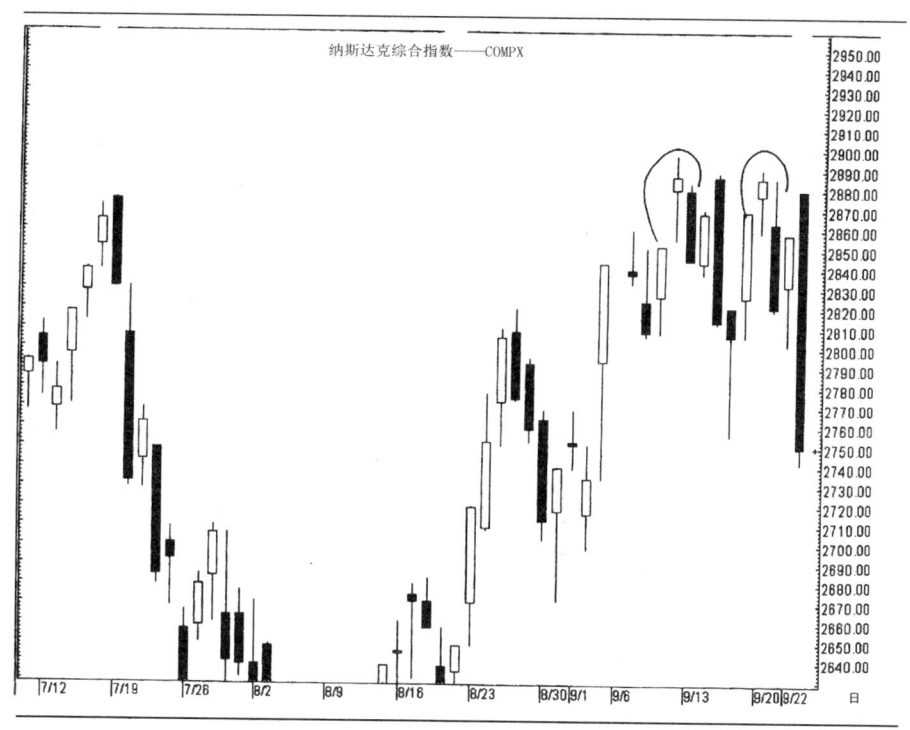

图7-15 纳斯达克综合指数的背靠背晨星形态

一对黄昏星比一个黄昏星能形成更有力的新压力线,是一种确立新交易涨跌幅的方法。任何成对形态,特别是三线形态成对出现,都是强烈的信号。黄昏星同时还形成岛型顶部时,也是很重要的形态。这时,不仅第一条K线和第二线K线出现跳空,而且第二条K线和第三条K线也出现跳空,第二条最高的线就是跳空形成的岛型。

图7-16里的CME标普500股票指数就是这样的一个例子。注意,标示出的顶部跳空很明显,引发了下跌,并建立了新压力,压力在日后经过检验,并发挥了作用。

图 7-16　CME 标普 500 股票指数的黄昏星形态和岛型顶部

配合西方传统的技术分析，晨星形态和黄昏星形态同样非常有效。例如图 7-17 的道指，顶部和底部信号确立了头肩线形态，其也可以用来确定价格目标。向下倾斜的趋势线表明支撑水平不断降低，以及后来的突破压力水平失败。每个趋势末尾的各个 K 线形态验证了头肩线内的这些短期趋势。

第7章 孕线形态和晨星、黄昏星形态

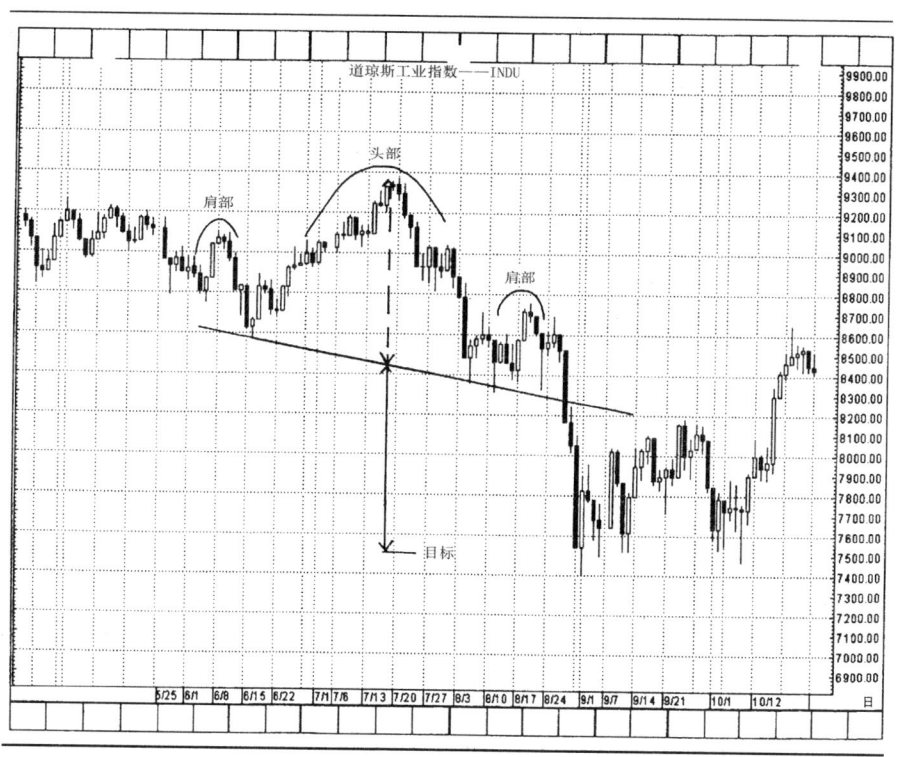

图7-17 "道指"的头肩线形态

K线形态和西方技术图表概念并用的重要性在于,将两种原则结合起来,使分析更加准确和深入。重要的是不只局限于眼前的信号,这样才能看到更大的局势。知道了这个,后面的章节会讲到有时应该无视K线图传达的表面信息。我最喜欢的一句话是:"独木不成林。"

自测题

1. 孕线形态是双日形态,其中:(　　)

   A. 第二天的涨跌幅超过了前一天涨跌幅的上线和下线。

   B. 两天的实体大小相同,但是第二天的影线更长。

   C. 第二天的实体位于前一天的涨跌幅之中。

   D. 十字星扩展为白色长 K 线。

2. 晨星形态是:(　　)

   A. 三线形态,包括多头扭转的锤子线和后面的白色 K 线。

   B. 双线形态,与锤子线相反。

   C. 总是利空。

   D. 单线信号,上影线较长,下影线很短或没有。

3. 十字晨星形态:(　　)

   A. 与晨星相同,但预示下跌,而不是上涨。

   B. 和晨星形态相似,但中间的 K 线是十字线。

   C. 先是十字线,跳空开始新一轮上涨。

   D. 都是突破压力时出现。

4. 黄昏星形态:(　　)

   A. 与晨星形态相同,但首先出现的是空头扭转的锤子线,不是多头扭转的锤子线。

   B. 标志着下跌结束。

   C. 包含两条 K 线,并且两者之间出现下降跳空。

   D. 出现在交易日的末尾或附近。

5. 岛型顶部:(　　)

   A. 是晨星形态的另一个名称。

第7章 孕线形态和晨星、黄昏星形态

B. 是黄昏星形态的另一个名称。

C. 是黄昏星形态,其中中间的 K 线跳空位于第一条和第三条 K 线之上。

D. 出现在压力线突破失败之时。

第8章

看透窗口

我在技术分析里用的办法叫做**交易三元素**。K线图分析很有用,但只是三元素的一部分,这部分我一般指的是东方技术分析,另外两个部分是西方技术分析和资本保全。

交易三元素不只是一个概念,它是我的交易方法,而且这个三元素结构让我成功保持了交易的平衡。

这里我有点扩大概念,把东方部分称为K线图,因为这样就包含了全部理论。第二条腿是西方工具,包括交易商和分析师每天使用的所有技术信号。第三条腿是资本保全,指的是如何消减所有交易里的风险。

单个K线在这个三元素里的作用,只是提醒这种进入和退出信号的重要性,我想强调图8-1里的情况,这是IBM几年前的图表,当时股价在20元左右。

图 8-1 IBM 的单线 K 线图

我在图中标注了四个地方，第一个区域出现在约 20.5 元的支撑价格，下影线很长，但重要的是别忘了长影线本身并不能将下跌转为上涨，还需要验证。但第二条 K 线进而下探，的确表明下跌趋势即将终结，其下影线很长，之后出现跳空。

在第二个区域，清晰的下跌趋势后出现白色长影线，注意这里没有上影线，这是**剃头形态**。缺少上下影线就形成典型的 **marubozu**，这是日语发音，其含义是"头发很少"，指 K 线影线很短或没有。

长 K 线是重要的形状和强烈的上涨信号，特别是出现在下跌趋势之后。区域三同样有意思：价格下跌，实体越来越小，最后形成十字线，然

第 8 章　看透窗口

后趋势掉头。区域四的白色长 K 线是另一个"marubozu"。记住：这些形态是非常强烈的趋势指向信号。随着后面的价格趋势显现，IMB 的确继续强劲上涨。这四个标注的区域表明 K 线形态的重要性。这几个区域里，每个转向信号都非常清晰，验证了支撑。还可以把区域 1、2、3 整体看作隐蔽的扭转头肩线形态。探底失败，价格随后上涨。这种情况下，K 线图的形态确立了支撑力度，而且验证了西方信号（支撑和头肩线形态）。

这种分析是为了表明东方和西方的分析如何良好配合。从图中的信号不仅能得出相同的结论，而且东西方信号还能彼此验证。要找到重要的有力信号，比如对支撑和压力的检验、头肩线和其他著名的形态。如果这些信号被 K 线图的信号验证，就提高了时机选择的正确性和预测价格反转的能力。

窗口

最重要的西方信号之一就是价格跳空，跳空越大，信号越强。东方的技术分析中的同样形态称为窗口。无论什么名称，都指的是前一 K 线的收盘价和后一 K 线的开盘价之间出现价格真空。

窗口最强烈的形式是不仅实体之间跳空，影线之间也跳空。换句话说，后续 K 线的整个涨跌幅出现跳空。图 8-2 显示了上升跳空和下降跳空。

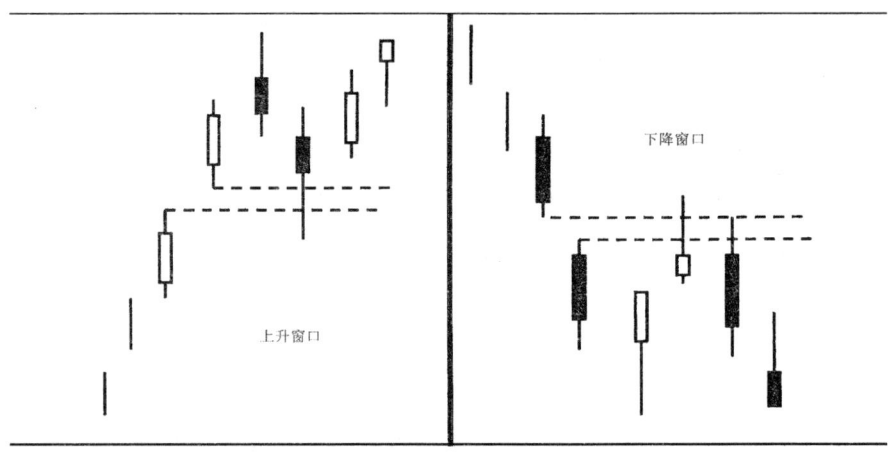

图 8-2 窗口——持续形态

上升跳空，是指窗口或跳空的交易幅度——包括实体和影线，高于前一天的涨跌幅。

下降跳空，是指窗口或跳空的交易幅度——包括实体和影线，低于前一天的涨跌幅。

上升和下降跳空

大多数情况下，上升窗口预示上涨，下降窗口预示下跌。日本人会说："依窗口方向采取行动。"但同时，窗口出现时，价格整理往往可能停止。窗口有很多不同的解释，取决于其在当前趋势中出现的位置，以及窗口出现的频率和宽度。

图 8-3 是上升窗口，随后是整理，最终是上涨趋势出现。

第 8 章 看透窗口

图 8-3 上升趋势

注意紧随窗口出现的白色 K 线下线形成新的支撑，被后面的几个下影线跌破，但实体从未跌破，这就是牢固的支撑。

图 8-4 显示了下降和上升窗口。下降窗口构成了有力的压力线，至少短期内有力。同样，上升窗口形成本图内有效的新支撑线。

图 8-4 下降和上升窗口

这个建立新压力和支撑的意向表明,窗口提供的不仅仅是看似反转点的重要信息,还根据交易幅度自身确保了仓位的潜在安全性。

窗口之前的重要形态是一个特别窄的交易幅度。如果交易幅度特别窄,而且后面出现十字线和窗口,这就是个强烈信号,如图 8-5 所示。

第8章 看透窗口

图8-5 下降窗口

即使价格在窗口后并未立即下跌,信号仍然很强烈。造成暂停的原因是市场需要时间消化窗口和其造成的真空。价格会反转填补窗口吗?或者就像本例情况下,暂停只是意味着空头需要时间来确认窗口的真正含义?

图8-6中窗口前的影线确定压力线。窗口的作用重大,在本例中,空头要等着得到保证,才能确信预计的下跌会来临。实际上窗口后的第四个和第五个K线检验了压力线。两条上影线都到达了压力线,但接着价格又回调了,这是非常强烈的信号,表明下降趋势才是主角。

图 8-6　窗口前的影线

有些情况下，窗口貌似比其自身更强大。例如，一个看似有力的下降跳空可能引出一个非常强烈的信号——黑色长 K 线。但如图 8-7 所示，一些形态可能会终止下跌趋势，本例中，并没有促成下跌趋势，而是引发了整理运动。

第 8 章 看透窗口

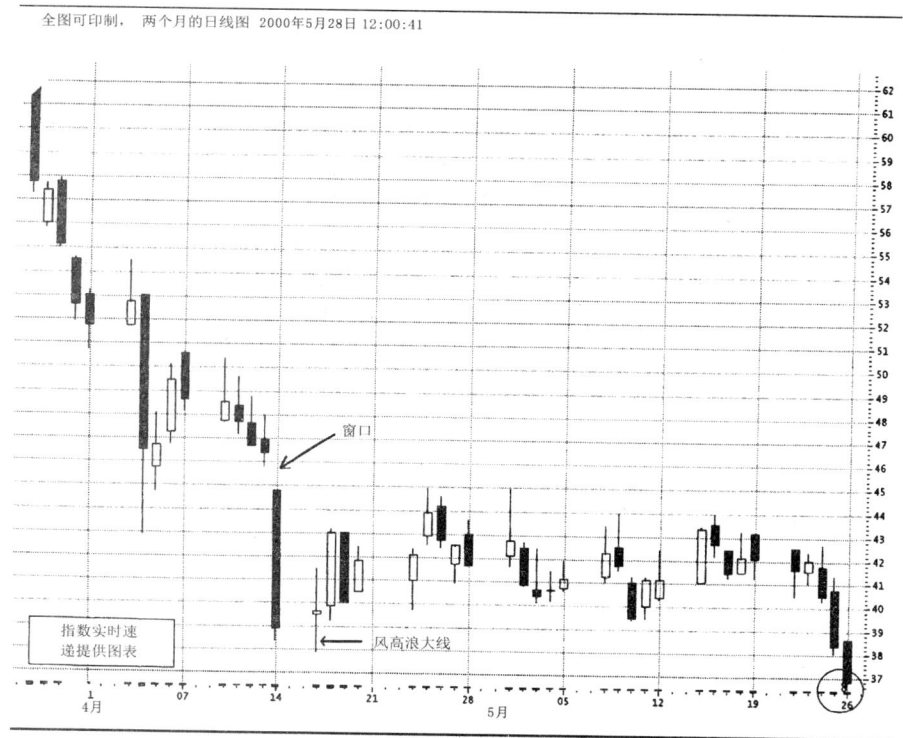

图 8-7 窗口——风高浪大线

和所有的信号一样，有些形态最终是假信号。时机选择不可能 100%准确，即使信号非常强烈，比如下降窗口和黑色长 K 线同时出现。这种少见的形态里，窗口后的黑色长 K 线上线形成新压力线，在整理阶段发挥了作用，而整理阶段之后很长时间最终还是引发了下跌。

窗口大小

关于窗口还要记住的一个内容是，窗口的大小决定了作用的力度，因此非常大的窗口就比小窗口作用大。图 8-8 就是个好例子，有意思的还包括窗口前的上影线看起来是建立了新支撑线。

图8-8　大窗口

窗口无论大小，往往都能建立新的涨跌边界。图8-9显示了这一原则对小窗口和大窗口的相同作用。第一个小窗口引发了上涨，而且建立了压力，本例中支撑位于白色长K线的中心。第二个窗口更大，但注意，窗口前的K线底部构成日后交易的压力线。

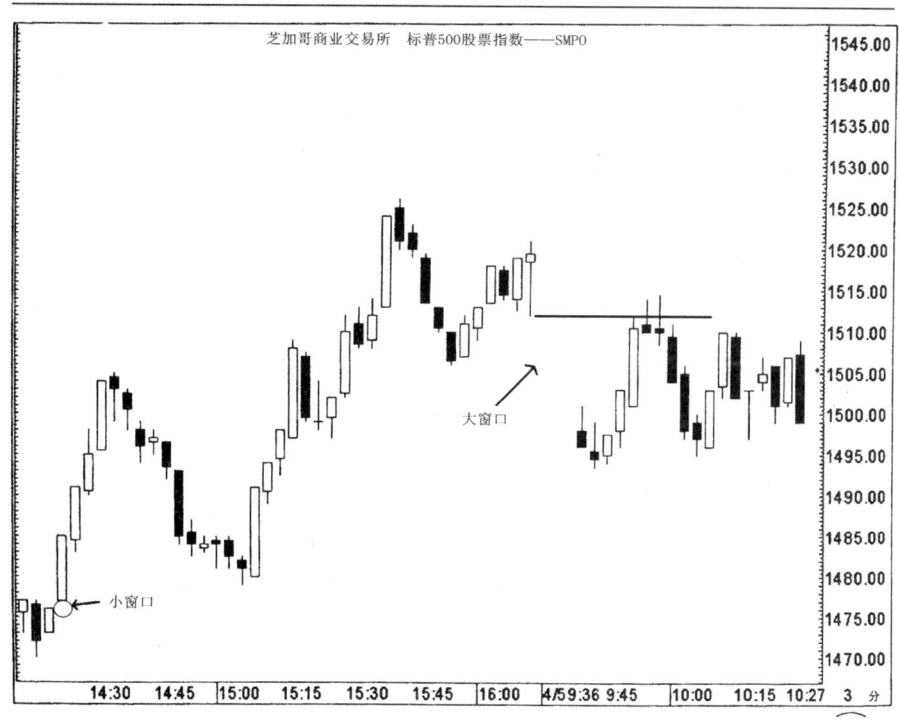

图 8-9 大小窗口

图 8-10 的例子中,下降窗口形成后期压力。注意窗口前的 K 线底部形成压力,而且仅经过一次考验后下降趋势开始。

图 8-10 窗口形成压力

突破跳空

窗口一旦突破压力或跌破支撑，就有了特别的含义。无论价格在什么时候穿破这些线，都是有意义的，可能表明一个将建立新压力和支撑的强有力的新趋势，或可能是想要突破进行回调并补空的假动作。很多时候，窗口无法维持支撑或压力，西方技术人员就称其为**突破跳空**。

突破跳空，是促使价格高于压力或低于支撑的跳空。

第8章 看透窗口

图8-11里价格两次上涨突破压力，两个窗口或跳空都很小，但之后的价格趋势表明突破跳空确立了新支撑（如果价格上涨），而且最终也确立了新压力。

图8-11 家得宝公司的突破跳空

有时候，窗口之后出现的乍一看像是回调，然后出现强烈的持续信号。如图8-12所示。

图 8-12 窗口、回调、持续

上行窗口之后随即出现白色长 K 线，快得让人手忙脚乱，但紧跟其后的十字线表明了多空之间的斗争。最后多头胜出，因为窗口出现在两个白色长 K 线之间，这是非常强的上涨信号。

另一个可能发生假信号的情况是趋势非常强劲，并且受到考验，如图 8-13 所示。

第8章 看透窗口

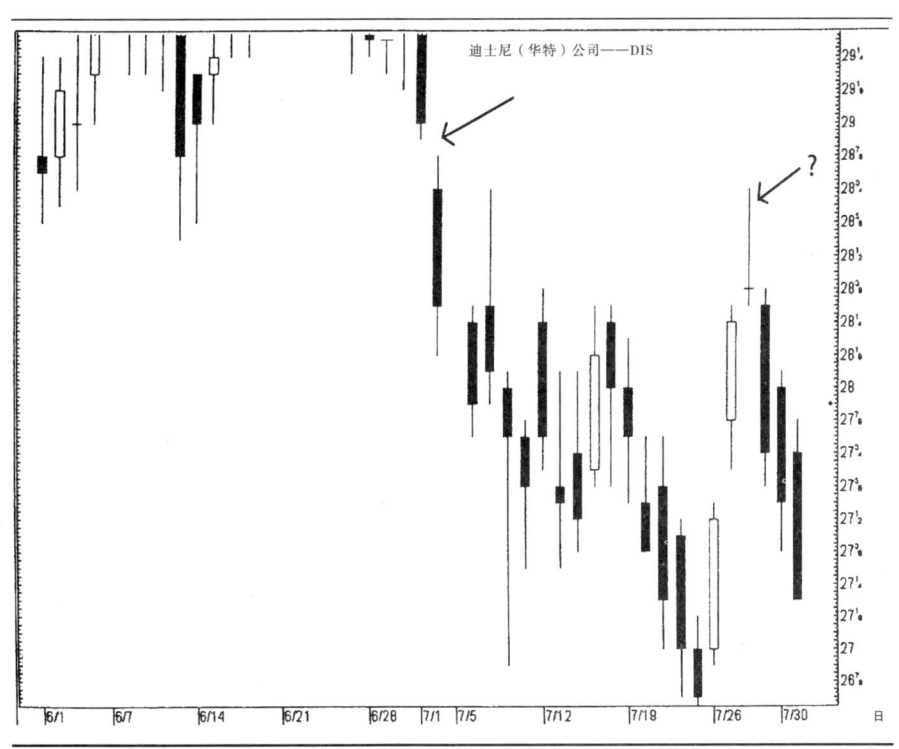

图 8-13 窗口——假信号

图 8-13 里,下降趋势开始于一个非常小的窗口。价格急速下跌,三条强烈上涨 K 线实际上就完成了反转和补空。注意第一条和第二条白色 K 线之间的跳空。但之后的第三条 K 线显示出这次反向趋势很快会偃旗息鼓。十字线的长上影线与当前趋势背道而驰,致使第二天下跌趋势卷土重来。

岛型顶部

另一个重要形态是跳空组成的岛型顶部,这个形态很好发现,因为岛型是单线形态,前后都有跳空,把这条线孤立起来,形成岛型顶部;但

图 8-14 中，岛型顶部不是一条 K 线，而是涉及三条。

图 8-14　三条 K 线形成岛型顶部

跳空已在图上标出，虽小但很重要。岛型顶部表明上涨很快精疲力竭。第一个跳空也叫作衰竭跳空，实际上宣告了上涨的终结。

岛型顶部验证了上涨乏力，并引发了注定出现的下跌趋势。第二个跳空形成了岛型顶部，并且确立了随后交易的新压力线。

衰竭跳空，指出现在目前趋势末尾或附近的跳空，表明反转在即。

要记住窗口（跳空）的重点，其代表不同的意思：是很好的验证工具，经常确立新的压力和支撑线，甚至还能宣告目前趋势的终结。有了这些含义，用的时候就要非常小心。其含义事后看起来一目了然，但当时可不容易理解。

自测题

1. 交易三元素是指：（　　）

    A. 反转信号后的三个可能结果：反转、持续或整理。

    B. 影响市场的力量：供需、经济新闻和投资者行为。

    C. 交易的策略方法：东方分析、西方分析和资本保全。

    D. 价格、交易量和动力对 K 线形态的影响。

2. 秃头形态指：（　　）

    A. 没有上影线的 K 线。

    B. 价格反复接近压力但未能突破。

    C. 只有下影线的十字线。

    D. 价格整理运行。

3. "窗口"一词是指：（　　）

    A. 在上涨趋势的最高价或下跌趋势的最低价交易的机会，也叫作机会窗口。

    B. 通过研究 K 线形态洞悉价格行为。

    C. 与跳空同义。

    D. 长 K 线之间出现两个或更多十字线。

4. 突破跳空：（　　）

    A. 出现的条件是发生重大反转，价格迅速反向运动。

    B. 出现的条件是跳空突破压力或跌破支撑。

    C. 一般是即将发生反转和补空的假信号。

    D. 形态与窗口相反。

5. 衰竭跳空：（　　）

    A. 表示持续而不是反转。

B. 发生在长 K 线后，用于补空。

C. 只有连续两个或多个出现才有重要作用。

D. 出现在当前趋势的末尾或附近。

第9章

神秘的支撑和压力

大多数的交易商仍然依赖西方技术分析,而不是东方技术分析,也就是说,头肩线、双顶双底、三顶三底以及移动平均线仍然在其决策中发挥主导作用。即使他们用到K线图,看的也是大致的价格形态,而不是每日波动或趋势发展的强弱力量对比。

趋势线

我相信大家都能充分运用西方和东方技术,其实两者也是互相补充的关系。我现在用一种新的方式来诠释支撑和压力。图9-1显示了价格沿趋势线的典型变化,看看最高价和最低价如何演变而成。支撑线和压力线并非保持不动而是不断变动时,这些交易涨跌幅仍然有迹可循。

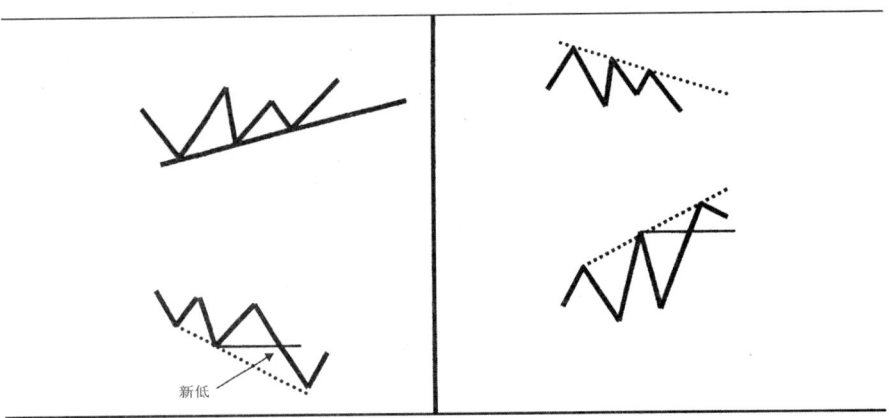

图9-1 支撑线和压力线

趋势线，是向上或向下移动的线，确定不断变化的支撑线和压力线，一般至少由三个最高价和三个最低价连接而成。

要建立趋势线，至少连接三个最高价和最低价，这是确认短期趋势的基础。趋势线有助于找到支撑线或压力线变更后出现的位置。图9-2显示了如何利用趋势线正确分析趋势方向。

第9章 神秘的支撑和压力

图9-2 趋势线

趋势线跟随支撑线下跌,但同时,压力的下降速度减慢,还受到考验。这意味着什么?底部的刺透形态显然是个上涨信号,改变了下跌趋势。但根据定义,上涨刺透形态是双线信号,特征明确:黑色长K线和白色K线相继出现,白色K线的开盘价高于黑色K线,且收盘位于黑色K线的涨跌幅之中。下跌刺透形态与此相反:白色K线和黑色K线相继出现,黑色K线的开盘价高于前一天,且收盘价位于前一天的涨跌幅内。

趋势线凸显了下跌的支撑线,当然所有趋势都会结束。刺透形态明确宣告趋势终结,而且立即出现了快速跳空上涨。支撑线下跌和压力线上涨对上涨有所预示,图9-3是这种趋势线的绝佳例证。

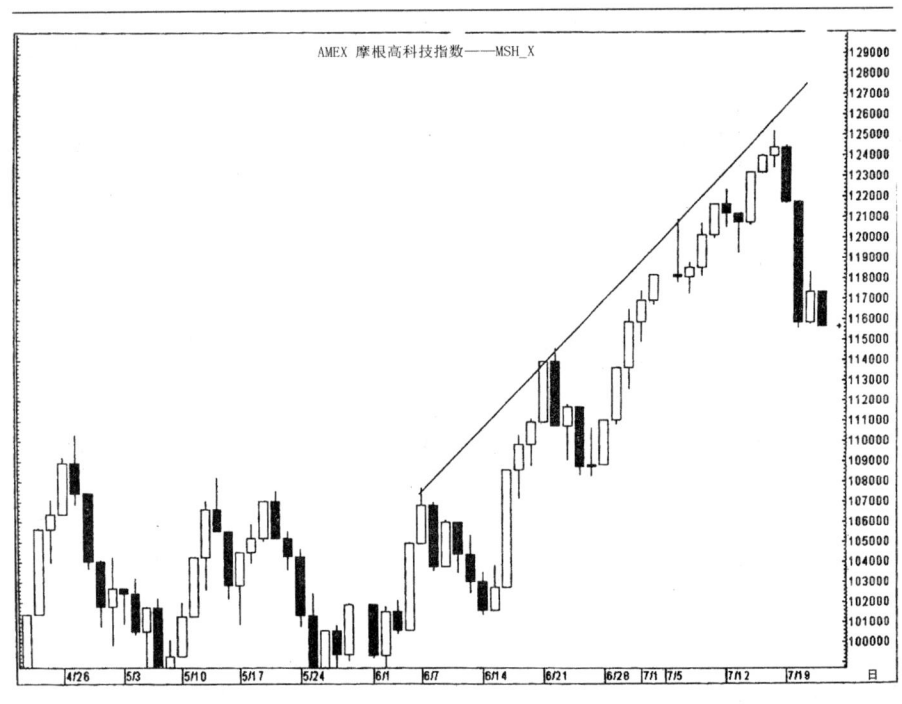

图 9-3 压力线上涨

本例中，几乎是全部白色 K 线构成的强劲上涨后出现了黑色 K 线，趋势线由此下跌，一旦趋势线开始下跌，就是趋势终结的信号。黑色 K 线一出现，就是采取行动的时候了。即使在一些地方有所损失，如果反转出现时就采取灵活行动，那么仍可获得上涨带来的大多数利润。

在上涨趋势的顶部还能看到非常清晰的 K 线信号。图 9-4 就是非常强劲的上涨趋势，因空头吞没形态而告终。

第9章 神秘的支撑和压力

图 9-4 空头吞没形态

这个上涨趋势的力度与前一个例子非常类似。前一个上涨趋势并未出现强有力的反转信号，但这个例子则不同。空头吞没形态是插在顶部的一面红旗。出现类似的强劲上涨时，就要看看这类反转信号来确定清盘（或进行买空）的时机。

不同时间段的图表分析

下一个例子比较了同一公司日线图和周线图的趋势线。图9-5并排显示了西屋电气的两种趋势，其中标注了空头吞没形态和上升压力趋势线的终点。

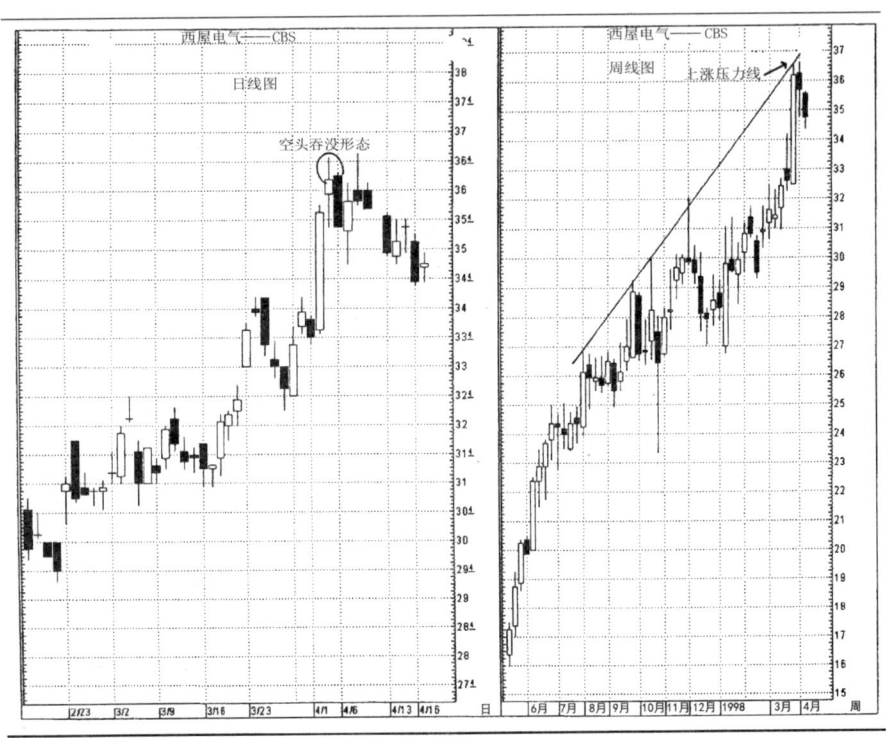

图9-5 日线图里的空头吞没形态和周线图里的上涨压力线

使用不同时间段往往让人视野大开。记住,无论使用哪种时间段,都适用相同的原则。但图里的内容详细程度有所差异。在周线图里,上涨压力线在36.50元左右出现交叉,因此我会预测价格突破压力,然后我转换时间段,深入调查,在日线图上,才发现了空头吞没形态。这验证了我的疑虑,上涨压力线即将反转。

极性转换原则

分析支撑和压力,比画边界再找突破这种更基础的方法看得更深远。突破出现时,再采取行动很可能就太晚了,时机已经错过。我自己开发了一种分析技术,并称之为极性转换原则。举例说明就是,前一个支撑区被

第9章 神秘的支撑和压力

突破而成为新压力线，反之亦然，如图9-6所示。

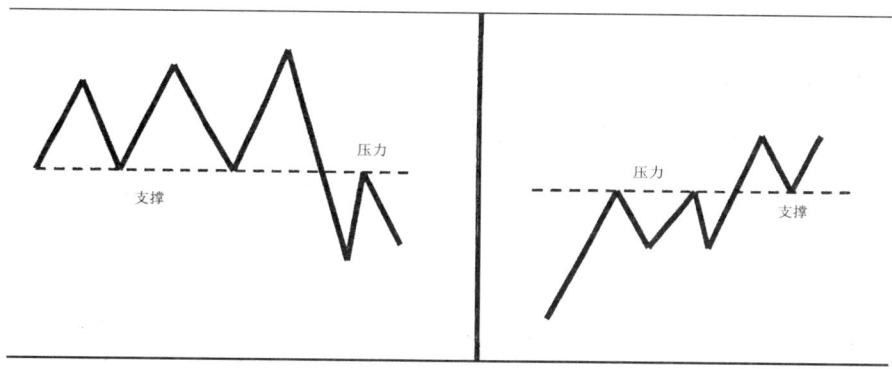

图9-6 极性转换原则

本例说明价格趋势突破时，支撑和压力相互调换，或改变正负极。图9-7显示了极性转换原则的效力，注意我在全图上画的直线。

图9-7 极性转换原则

这个例子显示出，压力线虽然清晰，但日后还是变为支撑线。要记住，无论当前的涨跌幅看起来多么让人放心，将来还会改变。用了这个技术，就能轻易知道极性转换原则何时、如何发生。

少了这条水平线，想找到新支撑就更困难了，但将原来的压力和新的支撑相比较，位置马上就很清楚了。

在图9-8里，整个月的压力都非常清楚，但价格一突破压力上行，压力线就变成新支撑线。

图9-8 极性转换原则

图9-9在极性转换区一路出现的纠结很有意思。注意标示出的双线形态——多头吞没形态，但价格整理后下跌。为什么？多头吞没形态不是预

第9章 神秘的支撑和压力

示价格上涨吗？一般情况下是这样，但这时，多头吞没形态出现在极性转换区。如果要在这里买入，就是刚好在新确立的压力线买入。这时的跳转——极性转换，表明西方技术的压力压倒了东方技术的多头吞没形态。而日后的交易显示压力牢固，每天的交易幅度都有萎缩，直至价格开始下跌。本例中的多头吞没形态是个假信号，极性转换原则指示出了这一点。如果没有这条线，就很难辨认出来。

图9-9 极性转换原则和大局技术

图9-10更复杂，极性转换原则引起趋势很难察觉。注意压力如何变为支撑，而且乌云盖顶形态触及原支撑（新压力），表明下跌开始，验证了转换原则。这就使极性转换原则成为有效的验证信号：少了它，趋势转变就很难察觉，价格在乌云盖顶之前的下探就让人费解，很容易让交易商

误入歧途。

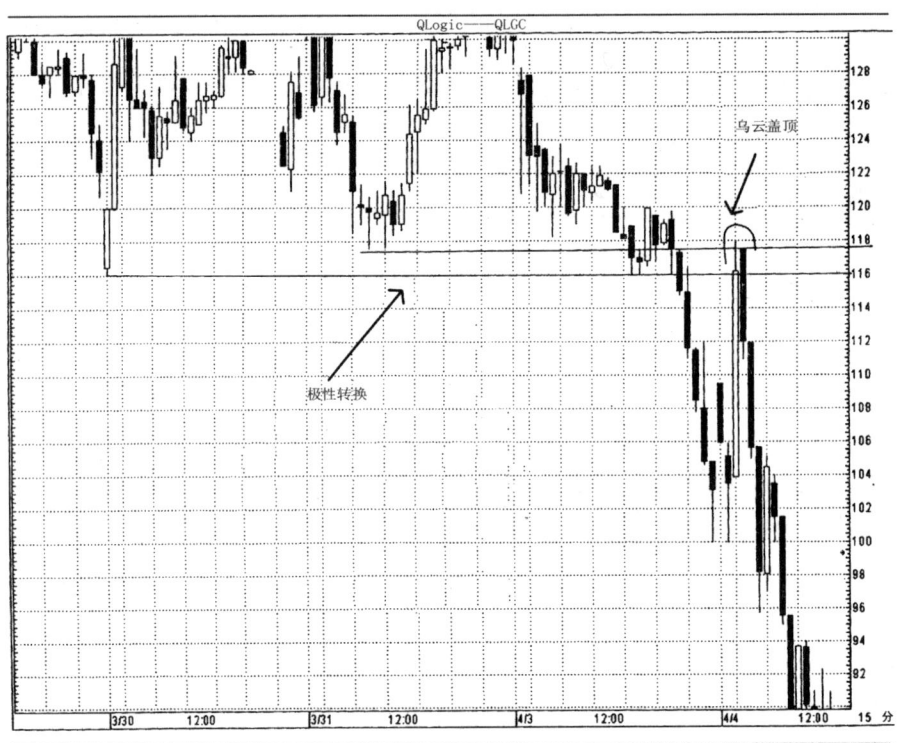

图 9-10　极性转换原则：用 K 线图验证压力线或支撑线

　　将不同时间段的图相互比较，就能更清晰地看出极性转换。请看图 9-11，这张日线图里，极性转换原则将支撑变为压力，很难在这个时间段的图里看出来。

第9章 神秘的支撑和压力

图 9-11 日线图里的极性转换原则

现在来看看图 9-12 同一趋势的 15 分钟线图，情况就不一样了。连续三天构成的压力线很清晰，前两天的收盘价相同，第三天的开盘价也在同一价格。第一张图显示了极性转换原则，这张图显示了清晰的上涨趋势顶部和反转。

图9-12 15分钟图的极性转换原则

图9-13里,压力牢固,经过了几次考验,再次验证,然后被突破,压力成为新支撑。但是,本例中新的支撑表明突破失败,压力很快重新确立。

第9章 神秘的支撑和压力

图 9-13 极性转换原则——先前的压力

大家还有可能看到技术趋势是如何支持基本面的。请看图 9-14 大众汽车的走势。价格不断突破支撑线持续下跌，支撑线随之下跌。走低的趋势线力度很大，价格只是短暂反弹，然后就变为自由落体式的下跌。

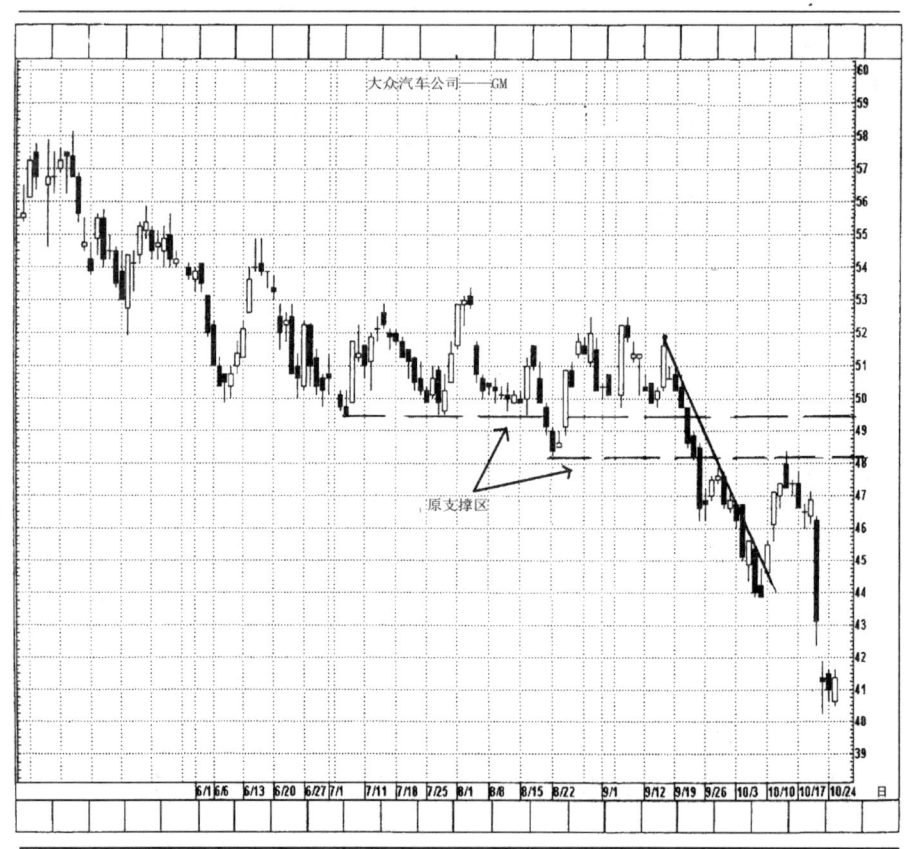

图 9-14 大众汽车公司的技术支撑基本面

极性转换原则是研究支撑和压力的全新方式，表明已经建立的支撑或压力线如何改变，说明演变中的涨跌幅根本无法从过去的形态中割裂开。此外，一旦知道如何用这种原则研究压力和支撑，就会发现 K 线形态还能准确验证支撑和压力线。

第 9 章 神秘的支撑和压力

自测题

1. 趋势线表明：（　　）

    A. 根据 K 线的实体长度是增加还是减小来判断目前趋势的力量对比。

    B. 一系列的全白色 K 线或全黑色 K 线，直至颜色改变。

    C. 移动的支撑或压力线。

    D. 价格整理运动时，水平或窄幅涨跌幅。

2. 刺透形态：（　　）

    A. 标志趋势结束。

    B. 是持续形态。

    C. 出现时，趋势线从压力回跌或跌至压力线后上涨。

    D. 是吞没形态的另一个名称。

3. 极性转换原则：（　　）

    A. 是一系列的 K 线颜色变成相反颜色。

    B. 是持续形态，以假反转信号为标志。

    C. 是指原支撑变为新压力或原压力变为新支撑。

    D. 以两条移动平均线的交点为标志。

4. 极性转换原则有助于辨别：（　　）

    A. 出现在错误时间的潜在假信号，如出现在新压力时的上涨信号。

    B. 涨跌幅里的转换。

    C. 转换点，可能还能区分和验证 K 线信号。

    D. 以上皆是。

5. 比较不同时间段的相同价格形态：（　　）

    A. 往往能辨别出当前趋势或反转信号。

B. 与可靠的信号可能相矛盾。

C. 更难知道反转可能何时出现。

D. 以上之一。

第10章

支撑和压力的其他含义

破低反涨形态和破高反跌形态

对支撑和压力的研究不能局限于监测涨跌幅边界。用K线图来验证,会注意到很多突破即将来临的警告信号。例如,破低反涨形态和破高反跌形态表明当前趋势的强弱势力如何发挥作用。这些概念是美国技术分析师理查德·威科夫在20世纪二三十年代首次开发出来的。这些形态的大体形状如图10-1所示。

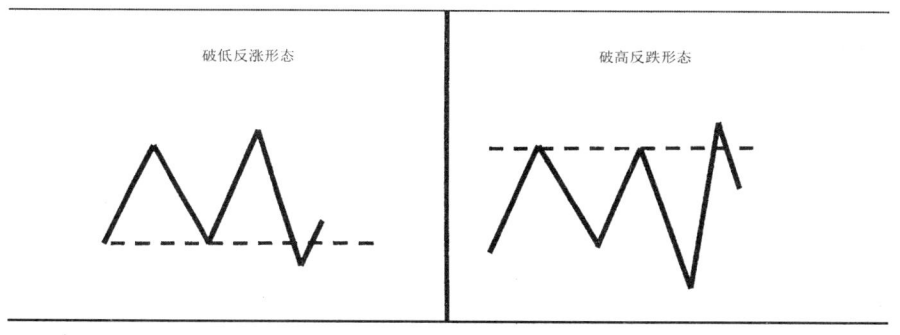

图10-1 破低反涨形态和破高反跌形态

破低反涨形态，是一种移动和反向移动，其间，价格跌破支撑，然后反弹重新上涨。

移动和反向移动发生时，支撑受到考验，而无法维持跌破支撑的状态就是**破低反涨形态（spring）**。这个名称的形象之处在于价格看起来像是喷泉回落又反弹得更高。

例如图 10-2 所示，就是典型的锤子线和破低反涨形态。注意这种情况下，锤子线的最低价后出现强劲跳空上涨，确定了下跌失败的结局。这也在锤子线实体的下线或附近确立了支撑，价格迅速突破该线。

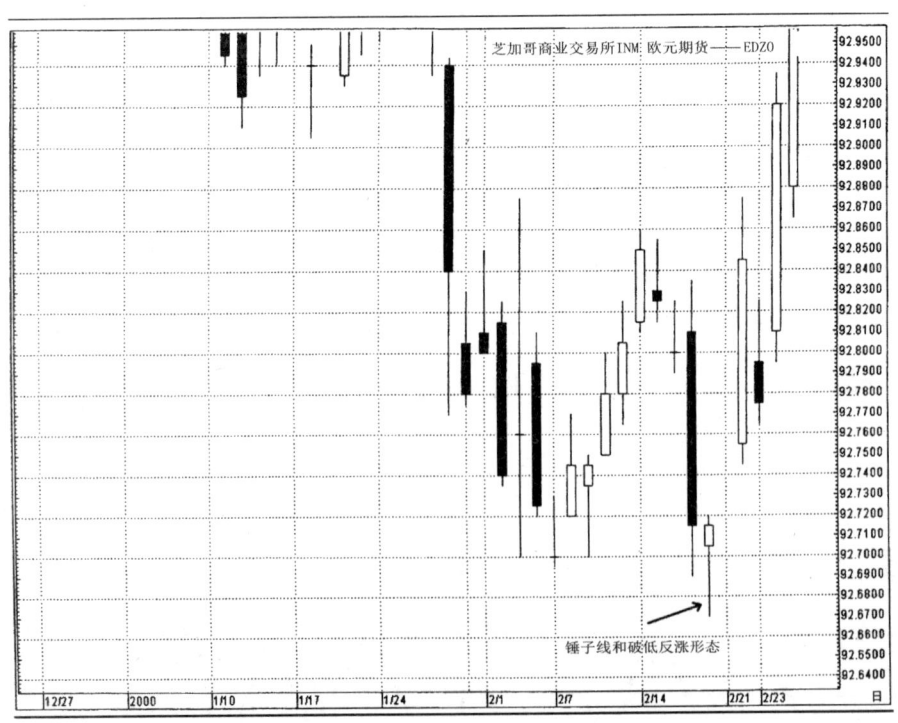

图 10-2　锤子线和破低反涨形态

第 10 章 支撑和压力的其他含义

可以说这是一个典型的破低反涨形态,但不止如此,破低反涨形态通常建立新的支撑线。图 10-3 中,第一个破低反涨形态和随后对支撑价格的检验就表明了这一点。

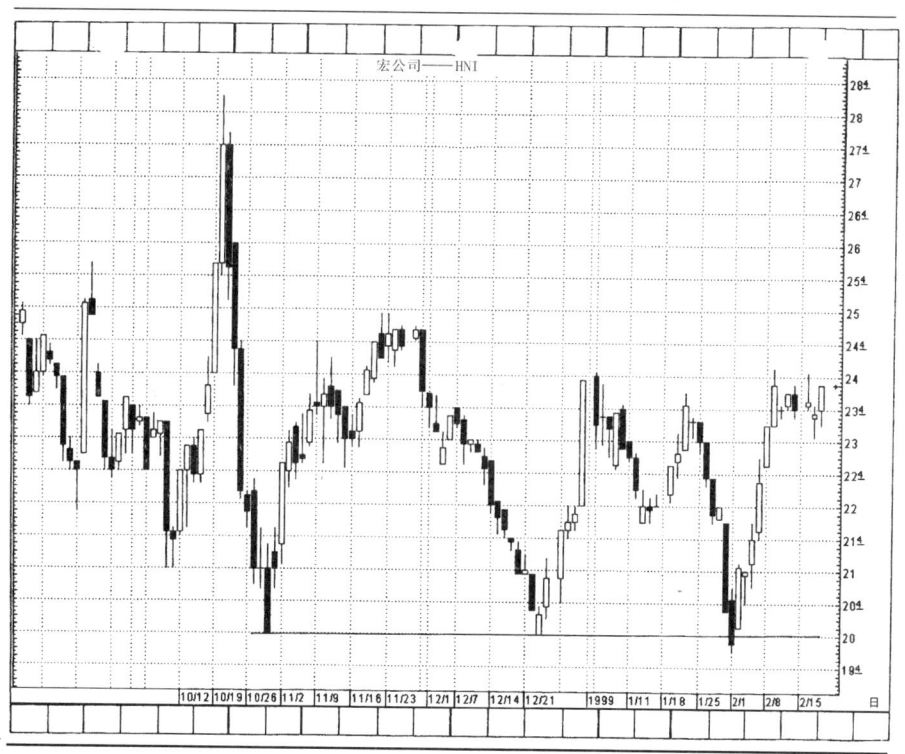

图 10-3 破低反涨形态

与破低反涨形态相对的就是**破高反跌形态(upthrust)**,突破压力之后,价格回调到原来的涨跌幅。

破高反跌形态，是移动和反向移动，其间，价格突破压力，然后回弹至下跌趋势。

例如图 10-4，清晰的空头吞没形态建立了压力，两条 K 线后的十字线上影线考验了压力价格。近两周后，破高反跌形态又一次检验了压力。虽然只有一条 K 线的上影线突破了压力，但仍然有所影响。注意价格即刻回调到已建立的涨跌幅内。

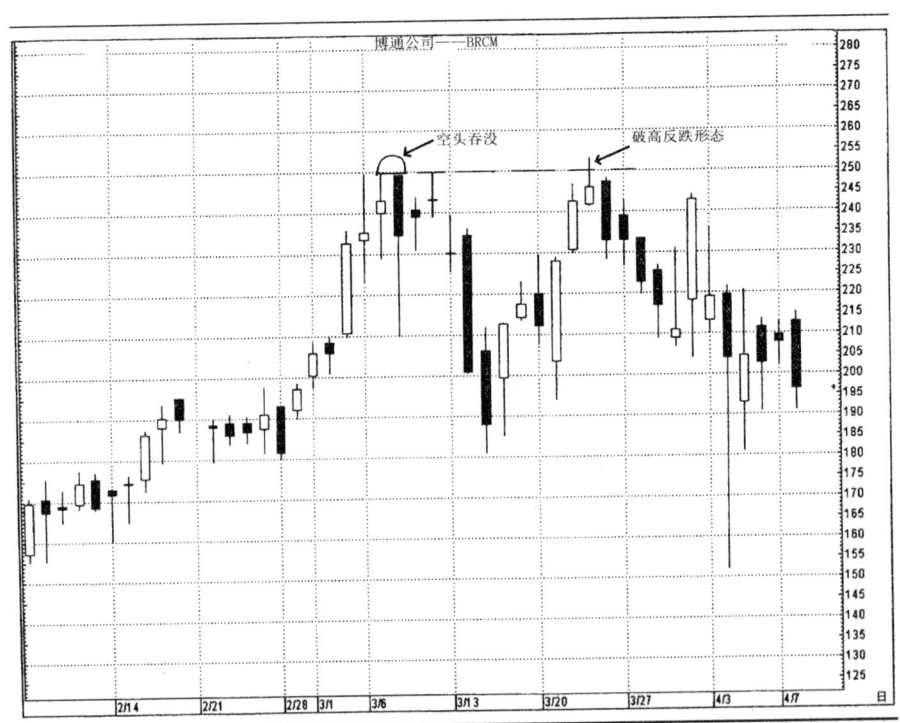

图 10-4 空头吞没形态和破高反跌形态

第 10 章 支撑和压力的其他含义

这种形态会以多种形式出现，破高反跌形态可能仅仅是上影线破坏压力，但破高反跌形态形成时表明多方拉高价格的努力成为泡影。图 10-5 是另一个例子，出现了第一压力和第二压力。正是第二压力发挥了作用，看看白色小 K 线的上影线和第二天的破高反跌形态就知道了。

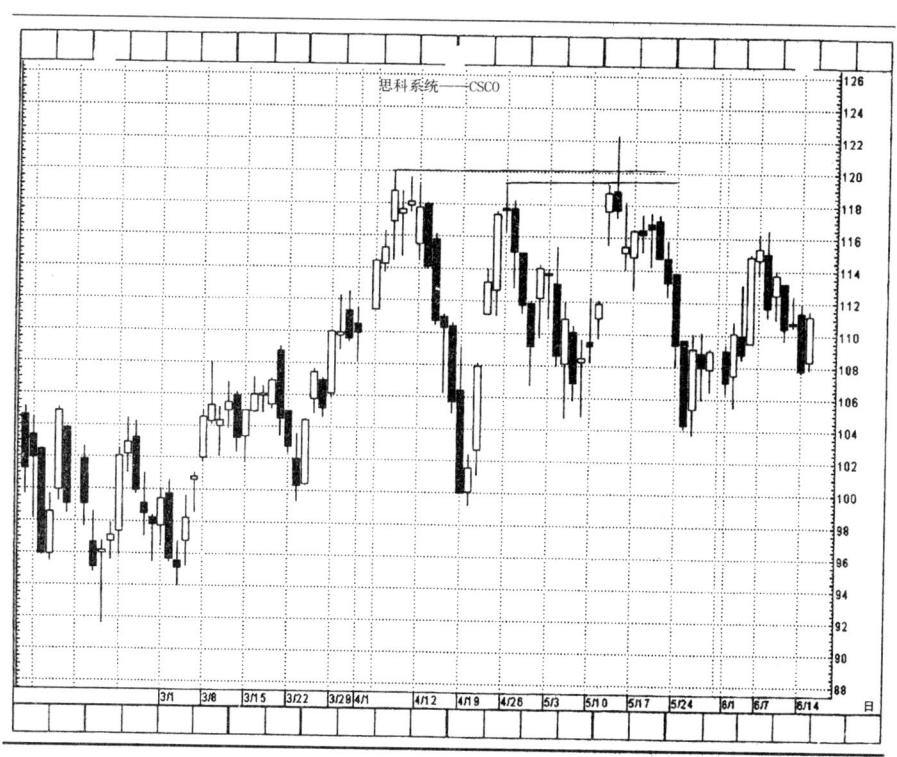

图 10-5 第一和第二压力

图10-6是个好例子，融合了东方信号和西方信号。时间不长，但信息不少：预示反转的警告信号带来收盘新高，包括清晰破高反跌形态在内的空头吞没形态，以及图表末尾的另一个警告信号。

图10-6 东方和西方信号

移动平均线

与基本的支撑和压力理论同样重要的信号是移动平均线（MA）。计算移动平均线的技术现在已经不重要了，因为在线图表可以计算。我会重点讲如何利用移动平均线，并用同时出现的K线进行验证。移动平均线的两个主要问题是趋势信号以及移动平均线和已确立的支撑线和压力线之间的相互关系，如图10-7所示。

第 10 章　支撑和压力的其他含义

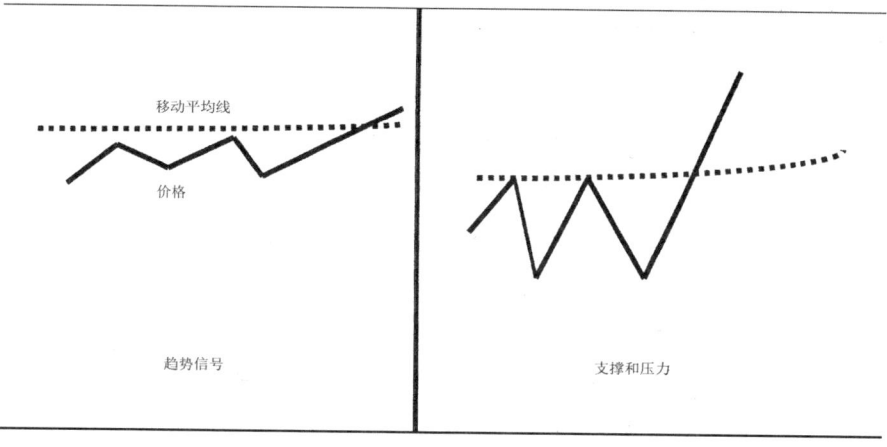

图 10-7　移动平均线

移动平均线（MA），是一系列 K 线的平均价格，目的在于确定和预测之后的价格运动。

移动平均线以一种非常重要的方式运行就会出现趋势信号。如果价格与移动平均线相交——价格在均线下运行时突破均线，或价格在均线之上时跌破均线——这就是个强烈信号，表明动力变化，反转即将来临。

价格看似要与移动平均线相交是提前出现的反转信号，信号特别可靠。图 10-8 里价格一直在移动平均线之上，然后突然跌破均线，交叉之后，下跌趋势稳定，因此交叉可以是进入或退出信号。如果在 3/13K 线看出信号，行动时就接近了顶部，但在下跌之前。

图 10-8　移动平均线

30 日均线、150 日均线和 200 日均线很受欢迎。我个人更喜欢短期的 5 日移动平均线，其中的交叉点对我做股票和期货都非常有效。移动平均线也能确立支撑或压力。图 10-9 里，移动平均线一直追随不断上涨的支撑线，到末尾时看起来要形成下跌趋势，而锤子线的出现让价格更有可能上涨。由移动平均线确定的持续支撑基础验证了这一点。

第10章 支撑和压力的其他含义

图10-9 移动平均线——锤子线

如果移动平均线紧紧跟随价格,就会有很多交叉。本例中,因为移动平均线本身并不确定,因此要找到预示反转的K线信号。图10-10中,价格下跌,落在移动平均线后面,然后随着两个现象的出现,反转信号形成了。第一个现象是价格上行超过移动平均线,第二个是一再出现长下影线,表明空头拉低价格的努力宣告失败。

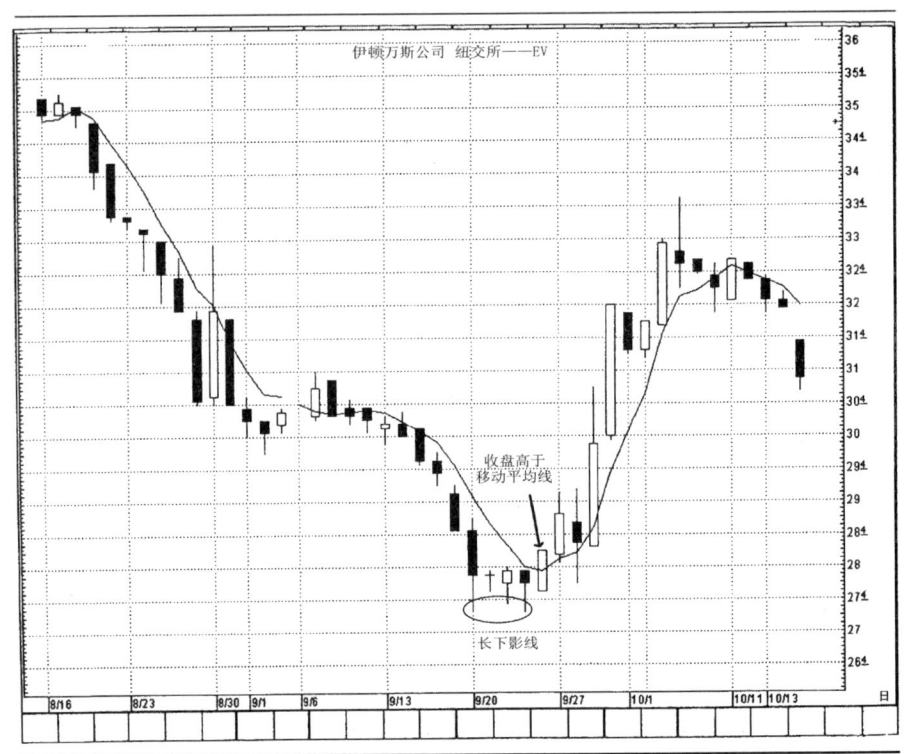

图 10-10　移动平均线

移动平均线可能确定支撑或压力，但要找到 K 线图里最重要的反转信号。移动平均线不一定总能传递可靠的交叉信号。如图 10-11 所示，支撑线很清晰，发挥了一段时间的作用，然后在下降跳空时价格跌破支撑，随后就是明确的下跌。此时，交叉是可以预见的，因为在此之前，价格接近移动平均线时下跌了。

第 10 章 支撑和压力的其他含义

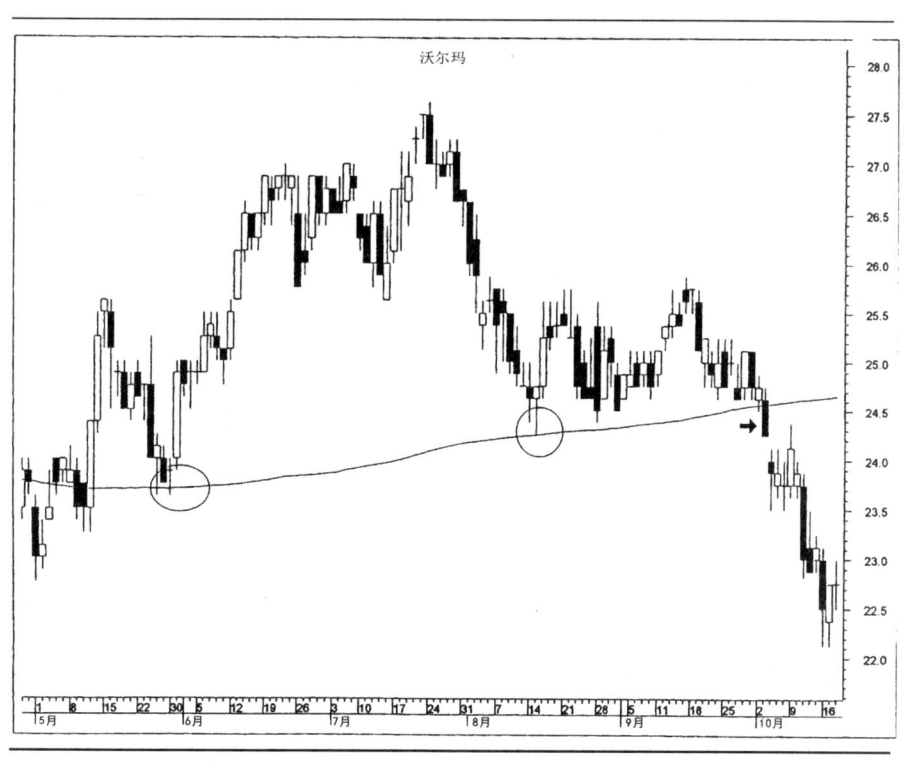

图 10-11 移动平均线确定支撑线

交易量高峰

从移动平均线获得的信息很有价值。另一个在分析支撑和压力时注意的信号是交易量高峰。交易量超过平均水平，往往是价格大幅波动来临的信号，特别是窄幅波动而交易量冲顶时。

图 10-12 显示了交易量冲顶的情况。注意，下跌趋势顶部出现了长下影线。这本身不能预示反转，但特别大的交易量说明了问题，表明空头不仅无法拉低价格，而且其下跌动力也消耗殆尽。

图10-12 交易量高峰

随后出现的根本不是大涨趋势，涨势相对乏力，价格进行整理运动。图10-13出现交易高峰，加上是窄幅交易日（NRD），更有力度。出现在大交易量十字线当日是窄幅交易日，而且随即出现强劲上涨。

第 10 章　支撑和压力的其他含义

图 10-13　窄幅交易日出现交易量高峰

交易量信号一般都很隐蔽。图 10-14 里，先是出现大交易量，然后是白色长 K 线，接着在短暂上涨后就是大幅下挫。注意股价最低当日出现了长下影线，之后价格就上涨了。此时的压力由白色长 K 线确立，并经过后面十字线的上影线验证。还是这一天，压力线经过了大交易量 K 线的验证，价格随后如期回调开始下跌。

图 10-14 大交易量十字线

图 10-15 中，支撑线在交易量增加但未到达顶峰当日被跌破，而且日后还受到检验但发挥了作用，虽然价格运行看似要跌破支撑。

第10章 支撑和压力的其他含义

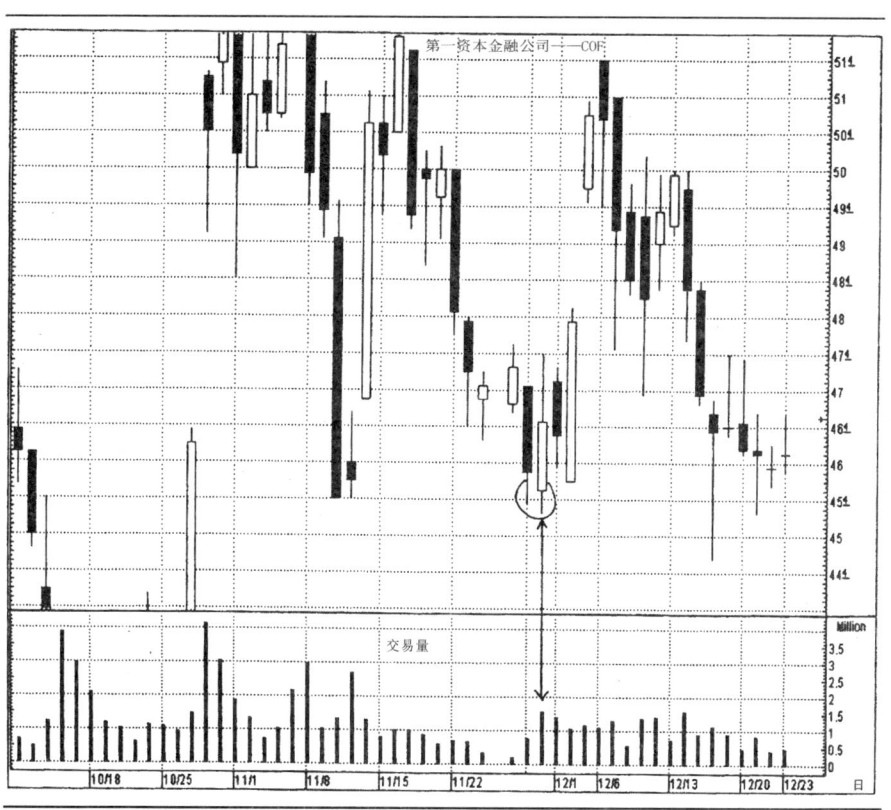

图10-15 交易量

交易量是个很狡猾的信号,本身无法作为信号。有时交易量特别低,但作用却与高峰时一样重要,如图10-16所示。在平稳的交易冲高之后,压力线才得以确立,随后逐渐下降。

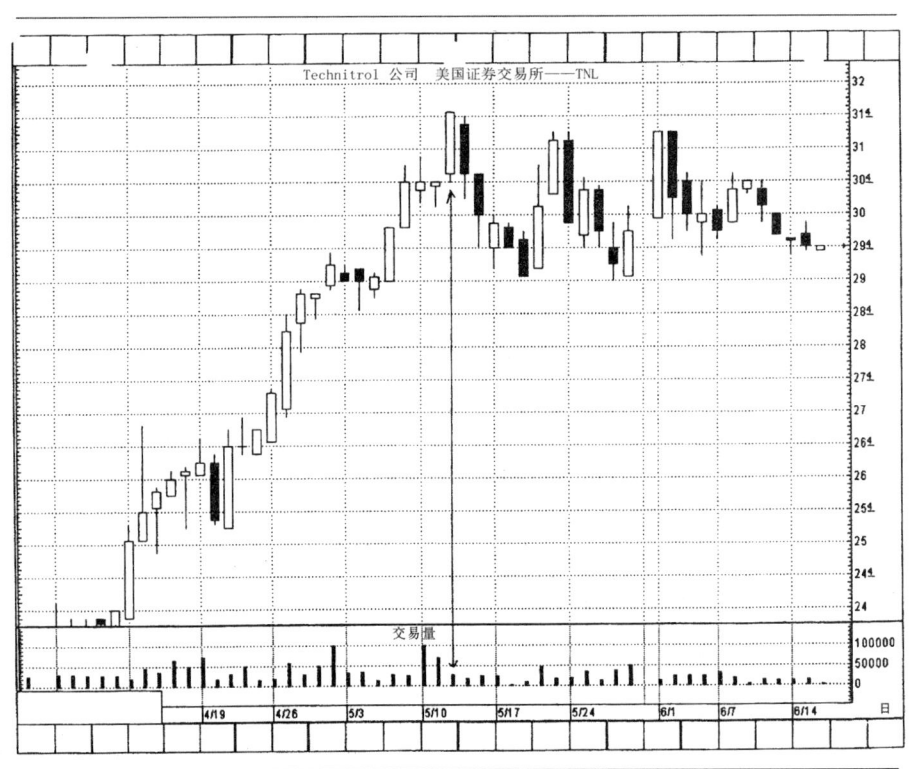

图 10-16　交易量验证

如果出现交易量高峰,而且有窗口这样的 K 线来验证,这就是非常强烈的信号,如图 10-17 所示。一段时间的整理交易后,交易量冲高,窗口形成,之后价格随窗口的方向开始上涨。

第 10 章 支撑和压力的其他含义

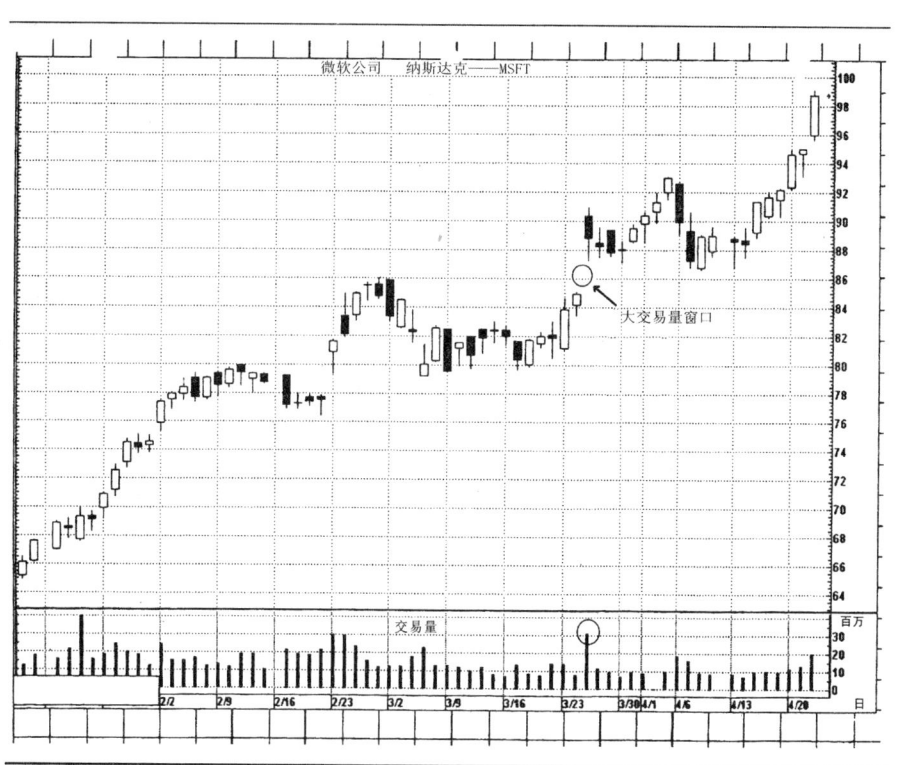

图 10-17 大交易量窗口

图 10-18 是另外一种趋势，大家采取行动前要进行验证。可以看到下跌强劲、交易量也增大，这时是抛盘高潮。但是，仅此还不足以采取行动，因为趋势还可能继续。随着窗口的出现，上涨 K 线对此进行了验证，下跌未能随后出现，价格立刻重回上涨轨道。

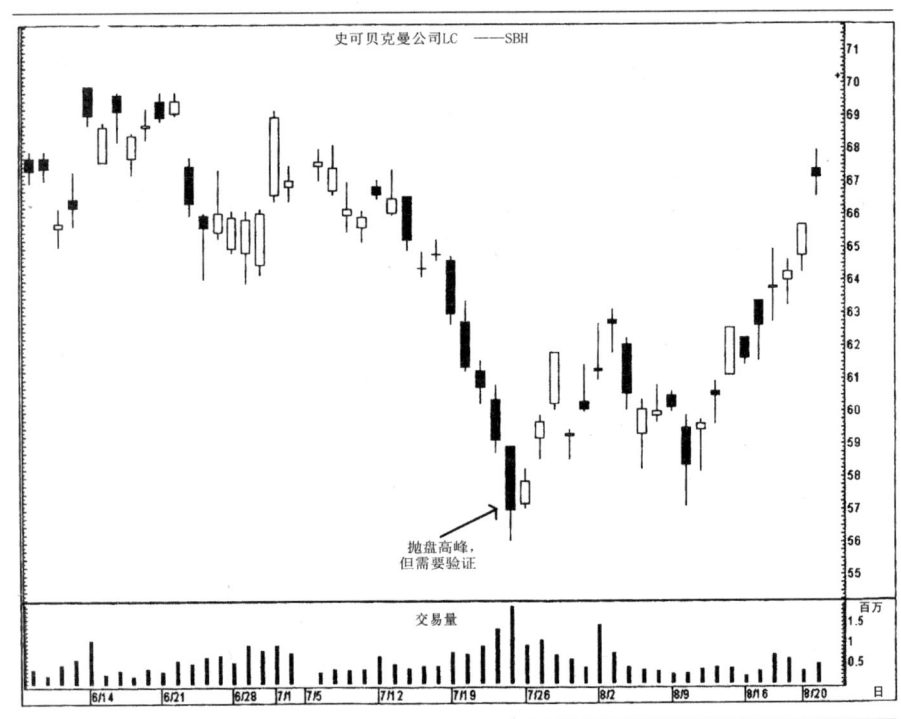

图 10-18 抛盘高峰

融合了东西方指标作为验证信号，可以使分析更加清晰和可靠。简单分析支撑和压力是一个好开始，经常在突破点带来惊喜。以 K 线图为基础的验证信号有助于辨别出新的支撑和压力以及反转点。

第10章 支撑和压力的其他含义

自测题

1. 破低反涨形态是：（   ）

    A. 一种价格形态，价格突破支撑或压力，然后立即返回到原涨跌幅。

    B. 指突破压力，确立新的涨跌幅。

    C. 价格跌破支撑，然后上涨，抵消了下跌。

    D. 价格在涨跌幅内自然上下运行的趋势。

2. 破高反跌形态是：（   ）

    A. 一种价格形态，价格突破支撑或压力，然后立即返回到原涨跌幅。

    B. 指突破压力，确立新的涨跌幅。

    C. 价格突破压力，然后下跌，抵消了上涨。

    D. 价格在涨跌幅内自然上下运行的趋势。

3. 移动平均线（MA）的作用在于：（   ）

    A. 价格走势位于移动平均线之上或之下。

    B. 找到价格和移动平均线之间的交点，价格有可能反转。

    C. 如果价格和移动平均线开始相交，就可确认趋势乏力。

    D. 以上皆是。

4. 趋势信号指：（   ）

    A. 移动平均线持续在当前价格涨跌幅之上或之下运行时移动平均线的力度。

    B. 价格和移动平均线的交点。

    C. K线的持续形态。

    D. 一系列同色K线。

5. 交易量是很有用的验证信号,特别是:(　　)

　　A. 交易量保持不变,而 K 线的实体不断增大。

　　B. 交易高峰当日出现十字线,表示可能发生反转。

　　C. 连续出现三个或更多长实体 K 线。

　　D. 以上皆是。

第11章

百分比回撤和摆荡指标

百分比回撤

几乎所有交易商都知道,无论哪种趋势都不可能常胜不败。但是趋势反转时,不可能总是推陈出新,与之前的 K 线毫不相干,而是更有可能出现**百分比回撤**,即回撤至原运行高度的一定百分比。

如图 11-1 中所示,价格从点 A 运行至点 B,回撤了原总幅度的 38.2%。

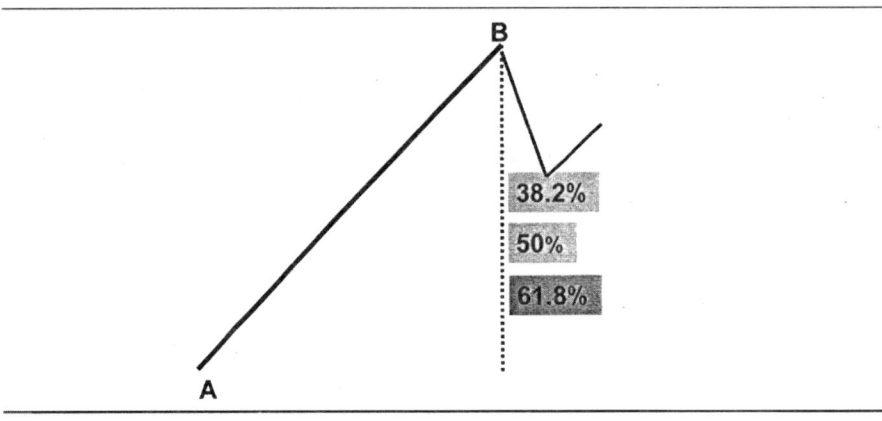

图 11-1 百分比回撤

这里的百分比是斐波那契数列,在技术人员中广为流传。斐波那契数列为:

1　1　2　3　5　8　13　21　34　55　89

如果要我选一个回撤值来作为标准,我就选50%。换句话说,回调50%或9美元,我不会觉得意外。如图11-2,从点A下行至点B,没有出现明确的信号来建立压力线。

第11章 百分比回撤和摆荡指标

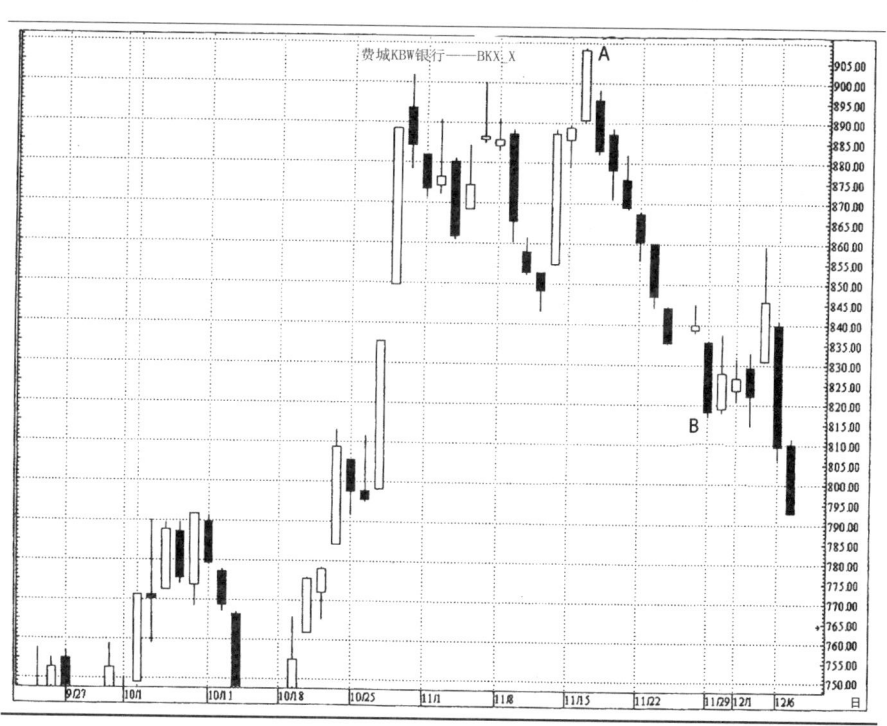

图11-2 回撤水平

50%的回撤水平，意味着价位到达约863：907-819=88，而88×50% =44，因此819+44=863。

斐波那契数列，是不断增大的一系列数值，后一个数值等于前两个数值之和。

百分比回撤往往对后续价格变化确立了参考点。趋势可能向一个方向运动，回撤到预计的水平（我用50%），然后又按照原方向运动，如图11-3所示。

图 11-3　百分比回撤

依我计算，点 A 和点 B 之间 50% 的价格差为 23.25 元。我认为在回撤底部空头失去控制了。要注意长下影线和两个白色 K 线之间的窗口。

图 11-4 表明回撤也能建立新压力和支撑。点 A、B 和 C 都出现了压力。价格下跌然后反弹时，我估计 A、B 和 C 会形成新的支撑线。注意从点 1 到点 2 的回撤，按照 50% 调整就刚好是那条支撑线。那里出现的多头吞没形态传达出三条信息：新支撑线、50% 回撤和新趋势开始。

第 11 章　百分比回撤和摆荡指标

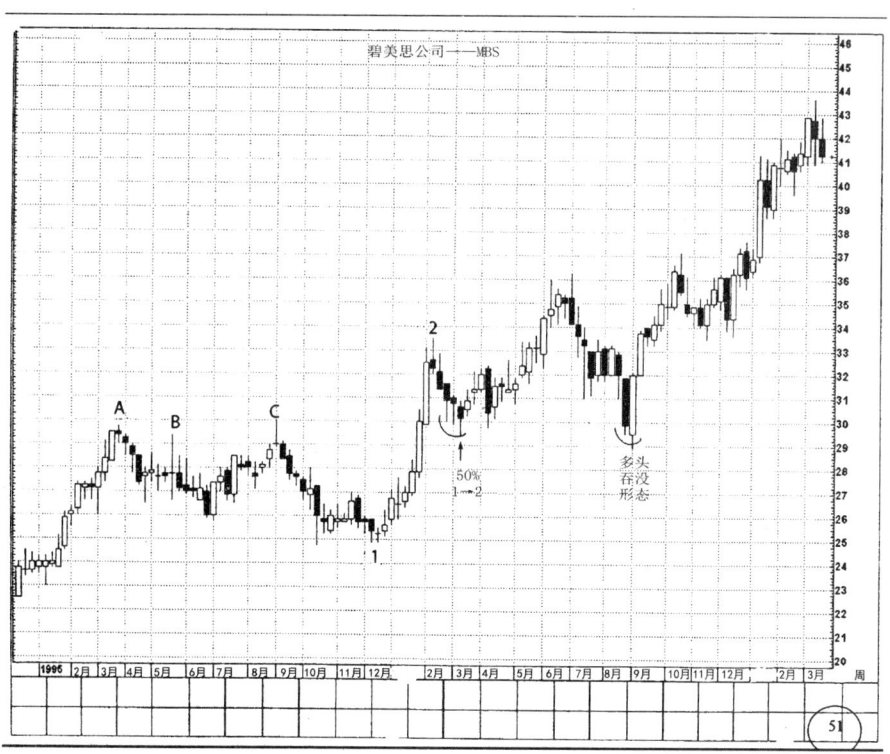

图 11-4　50%回撤

支撑和压力应该调整时，回撤标志是非常有用的预测工具，而且我还认为是有效的验证工具。

摆荡指标

摆荡指标也是重要的技术信号。使用的摆荡指标有很多种，例如随机指标，指数平滑异同移动平均线（MACD）和相对强弱指数（RSI）。这些都是用一套数值来衡量趋势，希望跟踪和明确相互背离发生的时间和超买、超卖发生的时间。

图 11-5 显示了跟踪摆荡指标的优势：预知改变、作为 K 线形态的验证工具。

➡ 相互背离

➡ 超买/超卖

图 11-5 摆荡指标信号

相互背离

我们首先来研究摆荡指标的相互背离,这既可能是利多也可能是利空信号,是 K 线形态非常有效的验证工具。研究图表时,上面是价格运动,下面就是摆荡指标。相互背离表示利多还是利空,与运行是上涨或下跌有关。简而言之就是,移动的方向与技术指标预计的当前方向相反。

图 11-6 显示了典型的相互背离形态,不是利多就是利空。

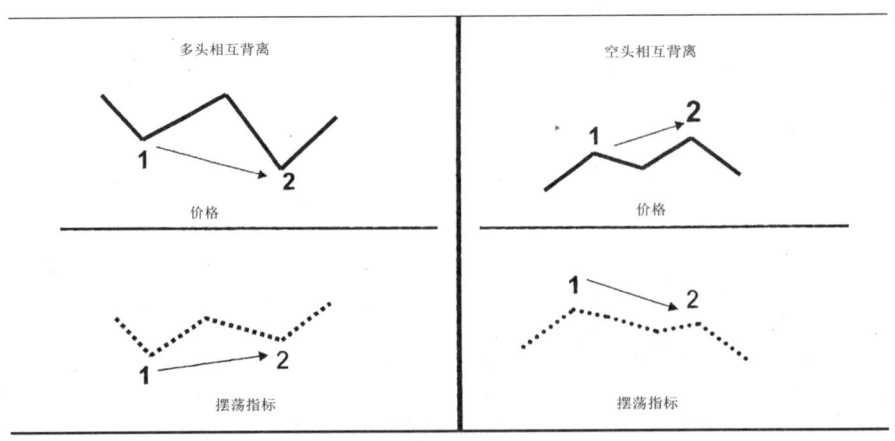

图 11-6 相互背离形态

相互背离,是价格运动的方向与技术信号预期的方向相反。

第 11 章 百分比回撤和摆荡指标

价格一到达新低就出现上涨或多头相互背离,摆荡指标则显示趋势上涨,如图 11-7 所示。价格下跌,但同时移动平均线摆荡指标则上涨。

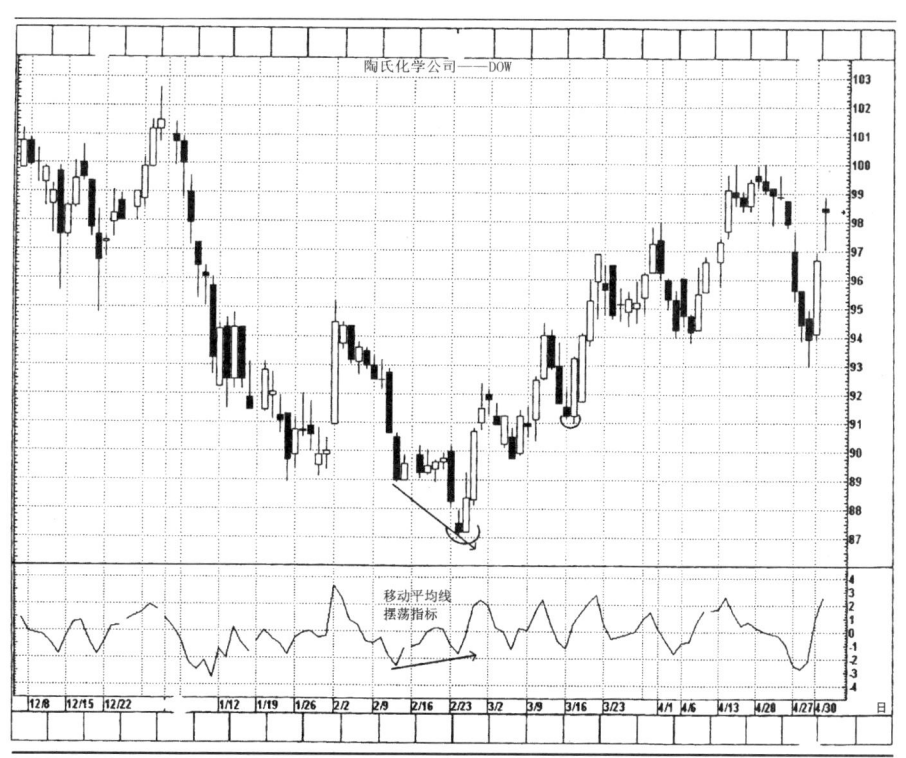

图 11-7 多头相互背离

这种条件下出现相互背离,就要注意摆荡指标,因为相互背离尽管是反方向的,但显示了价格反应的滞后性。移动平均线包括了很多 K 线的趋势,所以较价格更加准确。如果市场本质上很乏力,大家会预计摆荡指标会和价格同方向运动,但本例中事实并非如此。

空头相互背离道理也是一样,价格上涨时,摆荡指标下跌,如图 11-8 所示。

图 11-8 空头相互背离——随机指标

随机指标，是动力信号，将一天的收盘价与几个 K 线的涨跌幅比较，表明价格趋势的支撑已经形成。

K 线形态最终的确显示出上涨趋势冲高回落，但随机指标在此之前就开始反方向运行了，表明了关注相互背离的价值。

图 11-9 是另一个空头相互背离的例子，比较了价格和相对指标（RSI），明确了空头相互背离出现的条件。

第 11 章 百分比回撤和摆荡指标

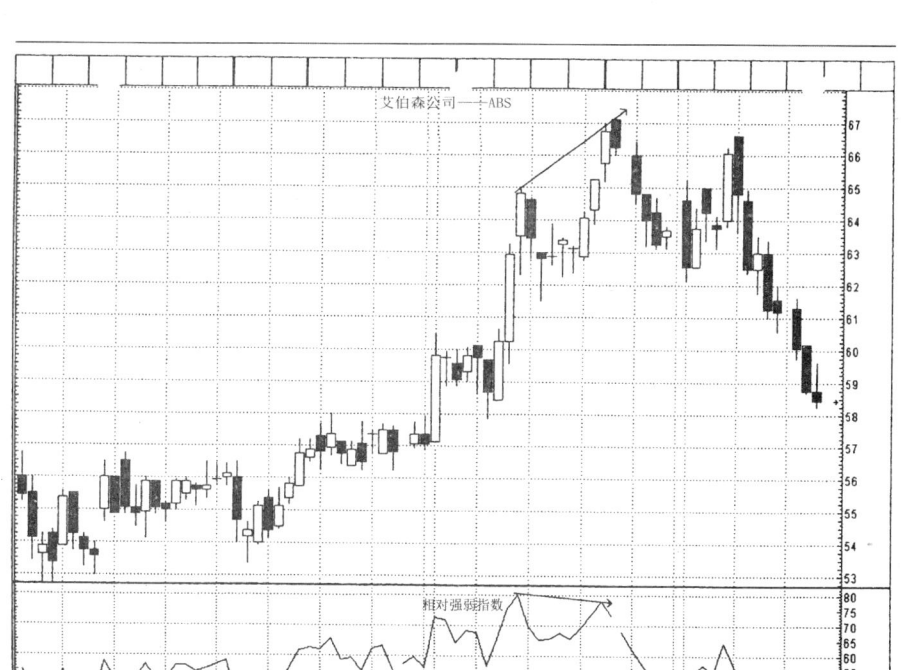

图 11-9 空头相互背离——相对强弱指数

相对强弱指数（RSI），是动力信号，比较了收益和损失的大小，确认和衡量了超买和超卖状态。

如果价格开始下跌，价格和 RSI 随之都下跌，但注意 RSI 先于价格反转，在价格冲高之前就开始下行，这表明摆荡指标的变化有可能先于价格趋势。

摆荡指标的变化仅仅比价格反转提前一个或两个 K 线，因此此时交易就要行动迅速。图 11-10 显示了这种变化，而且对比了价格和移动平均线。

图 11-10 整理交易缓解了超买/超卖倾向

摆荡指标比价格提前一条 K 线转向下跌。注意摆荡指标很快跌至零，进而达到负值。这是价格反转的预警信号，价格的确在此后下跌。相互背离就像是下雨前出现的乌云，而下雨也验证了乌云的真实意义。K 线的反转形态就是验证信号。这张最新的图也表明，价格不断下跌是对摆荡指标下探的呼应，进一步验证了大盘趋势。

联系价格分析摆荡指标，是决定价格趋势力量强弱甚至支撑或压力力量强弱的好办法，如图 11-11 所示。注意标出的两个价格点的不同。两个价格一样，但问题是：哪里的市场更健康？

第 11 章 百分比回撤和摆荡指标

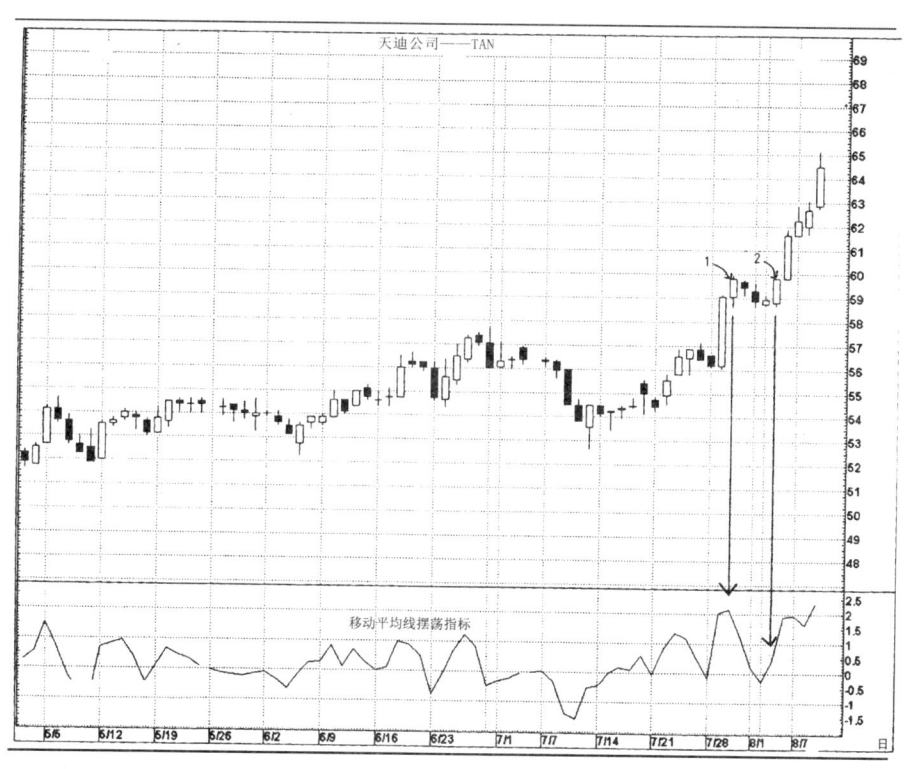

图 11-11 移动平均线摆荡指标——哪里的市场更健康？

第一个价格处的价格和摆荡指标都上行。当然，这时无从知晓价格会回调，而且实际上，移动平均线看起来表明上涨会持续。但是在第二个价格处，价格运行更有力。尽管价格回调到了同一水平，可能意味着下跌，但移动平均线是上涨的，预示着价格会反转到上涨趋势。

出现超买或超卖时，摆荡指标也发生背离，而且数值是由摆荡指标自身预测出来的。背离早于价格反转，或自身出现明确转向而与价格反转呼应。图 11-12 里显示了许多超买或超卖的情形，无法用 K 线获得验证，直至对摆荡指标进行分析。

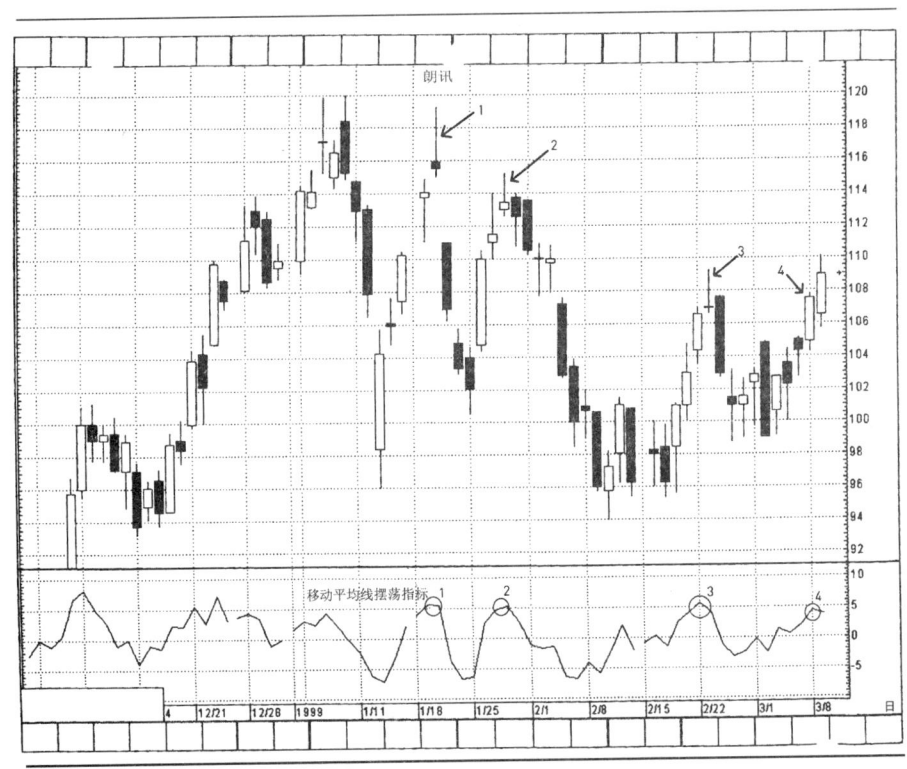

图 11-12　价格趋势和移动平均线的对比

图 11-12 表明了比较价格趋势和移动平均线的关键点。K 线 1 和 K 线 2 对比鲜明。K 线 1 的上影线很长，表明多头无法拉高价格。价格如期反转开始下跌，同时移动平均线冲高回落开始下跌。冲高回落是验证信号，表明趋势失去动力。在第二条 K 线处，空头吞没形态明确表明了另一次反转和下跌，而且摆荡指标又一次冲高回落转向了，这也是一个验证。第三条 K 线处出现同样的价格转向和摆荡指标验证，移动平均线冲高回落。最后在第四条 K 线处价格上行，但注意摆荡指标再一次冲高。会出现背离吗？有可能，但很可能需要一两条 K 线来验证，因为此时没有明确的 K 线反转信号。

第 11 章　百分比回撤和摆荡指标

摆荡指标的真正作用在于提供了另一种有价值的验证形态，是东西方技术分析的完美组合。有时 K 线形态根本不能准确验证或预测反转，或者等到 K 线发挥作用时就为时已晚。摆荡指标作为预警信号往往很有用，提示几条 K 线后可能发生反转。

自测题

1. 百分比回调指：（   ）

    A. 价格在一段时间内以反复形态运行，重复了过去的趋势。

    B. 趋势完全反转，回到起点。

    C. 预测价格按照原趋势运动方向的 K 线形态，是持续形态。

    D. 价格调整与趋势的方向相反，调整幅度是整个运行的一个百分比。

2. 斐波那契数列是技术分析中公认的改变形态，包括：（   ）

    A. 一系列的数列，数值等于前两个数值的和。

    B. 价格反转，反转程度经算术计算，不超出一美元。

    C. 价格和移动平均线（或其他摆荡指标）之间出现的收盘价百分比变化，而且经过长期统计这个变化能够预测到。

    D. 由指数移动平均线推论的结果。

3. 摆荡指标是一种技术工具，其：（   ）

    A. 依据长期移动平均线和趋势分析验证所有情况下的价格运动。

    B. 透露了能够确定相互背离或超买/超卖情况的趋势。

    C. 都由移动平均线和相对强弱指数的相互关系决定。

    D. 表明价格波动与交易量走向直接相关。

4. 相互背离特指：（   ）

    A. 实体之间出现跳空或窗口时，连续几天 K 线之间的距离。

    B. 价格运动方向与摆荡指标的预示方向相反。

    C. 上涨和下跌趋势之间的转换。

    D. 交易幅度不断减小或增大。

5. RSI 表示：（   ）

第 11 章　百分比回撤和摆荡指标

A. 相关股票指标（Related Stock Indicator）。

B. 突然出现上涨（Rally Surprise Incursion）。

C. 相对强弱指数（Relative Strength Index）。

D. 反应急剧增长（Reaction Surge Increase）。

第12章

头肩线分析

头肩线形态是更为流行的西方技术信号，包括上涨，下跌至支撑线，再次上涨、最高价增高，第二次下跌，然后是与第一次相似的上涨。第一次和第三次的顶点是肩部，第二次顶点是头部。相反的是一系列三次下跌，同样有效，称之为反头肩线或底部反转。

颈线确定了回调发生的位置，如果价格跌至颈线以下（或在反头肩线时涨至颈线以上），交易量就会增大，请见图12-1显示的趋势。

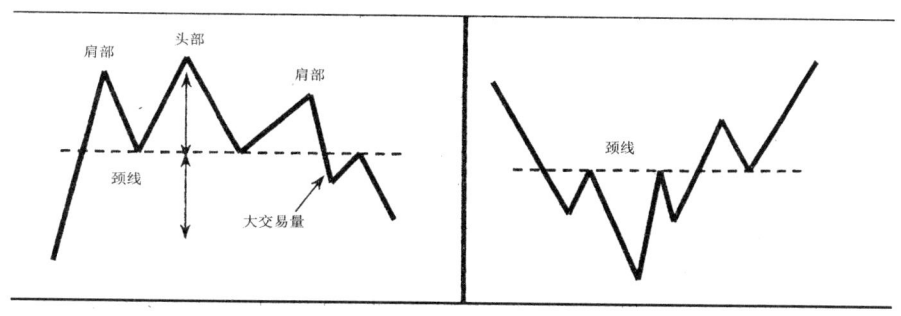

图12-1　头肩线

头肩线是很重要的形态,用来验证 K 线趋势。图 12-2 是典型的头肩线形态,在东方技术分析中也叫**佛像顶部**。

图 12-2　典型的头肩线(佛像顶部)

佛像顶部,就是东方对头肩线形态的称呼。

这种形态也显示出不断下降的支撑线,即颈线。价格回调后,颈线就继头肩线成为新压力。

图 12-3 还是一个头肩线形态(佛像顶部),其中颈线下行,也成为新压力。

第12章 头肩线分析

图12-3 颈线下跌的头肩线形态

这一次第一个肩部并不显著，但形态最终同样形成并收盘。在头肩线形成过程中或形成后，K线图可能提前出现反转线索。图12-4一开始就出现了很强的上升跳空，但随后价格上涨无法维持这个水平。头肩线预示价格即将回调，而且第二个肩部出现的K线做了验证。注意实体逐渐变窄变成十字线，而且颈线下跌。

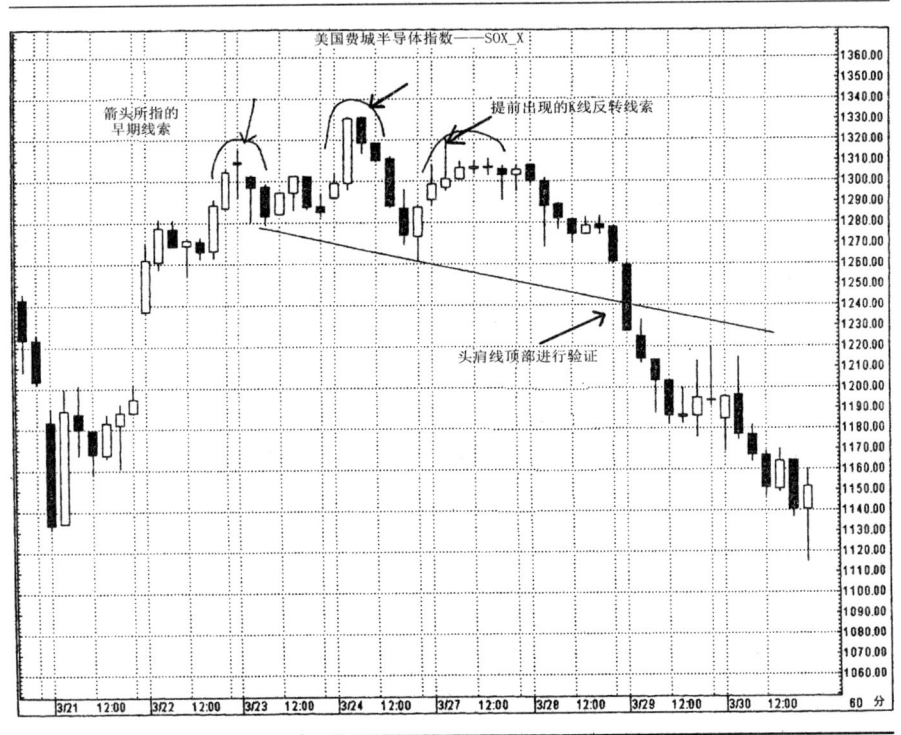

图 12-4　头肩线预示价格回调

反头肩线形态也适用相同的原则。图 12-5 中，康柏显示了东西方指标协作共同表明和预示了相同的结果。

第 12 章 头肩线分析

图 12-5 康柏显示的东西方信号

本例中，颈线如期上涨，与头肩线方向相反。然后反头肩线预测上涨之后，顶部的孕线形态成为强烈的反转信号，价格如期下跌至颈线。图 12-6 里的"道指"显示了这种形态的另一种特性。头肩线形成，但价格跌破颈线后才成形，但现在还不是这样。因此，如果价格保持在支撑颈线之上，没人会想抛出，一旦价格跌破支撑，头肩线才得到确认。

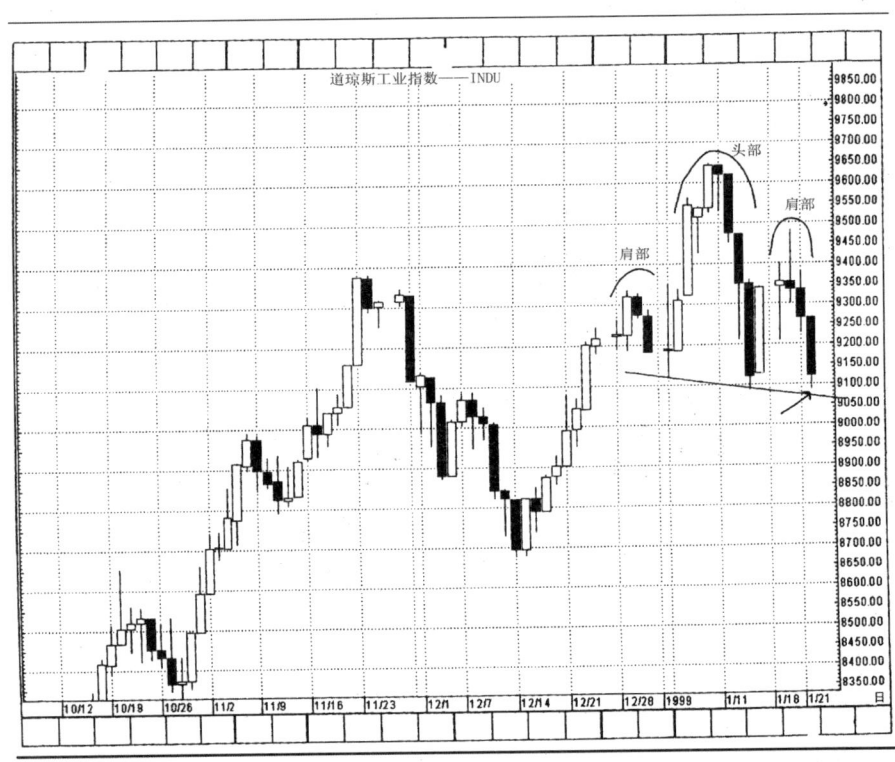

图 12-6 头肩线下跌至颈线

下一步会怎样？图 12-7 是图 12-6 的延续，支撑有效，价格上涨，因此头肩线显示的其实是个假空头信号。

第 12 章　头肩线分析

图 12-7　假空头信号

因此缺少必要的验证时，解释信号要小心。分析头肩线时，结合移动平均线检测，不失为明智之举，有助于认出假信号，而且还能判断价格和 MA 之间是否相交或趋势是否继续。图 12-8 中 MA 稳定居于价格之上，即使价格出现了大幅下跌，两者的上下关系也不变。

图 12-8 头肩线和移动平均线

图 12-9 中，第一部分移动平均线稳居在上，第二部分新的平缓支撑受到短暂的检验，突破失败后，价格回调到支撑之上。这个反头肩线形态不太清晰，但价格还是按照反头肩线形态来运动。黑色 K 线的下影线很长，是对下降趋势的重要检测，之后价格强劲反弹至支撑之上。

第 12 章 头肩线分析

图 12-9　价格形成反头肩线运动

有些形态具有欺骗性，特别是突然出现超卖的时候。图 12-10 就是一个看似超卖的例子。

图 12-10 看似超卖

之后的交易证明这个超卖是骗人的。图 12-11 表明移动平均线稳居价格趋势之下,而且价格持续降低。即使之前的形态看起来像是超卖,但其实不是。

第 12 章　头肩线分析

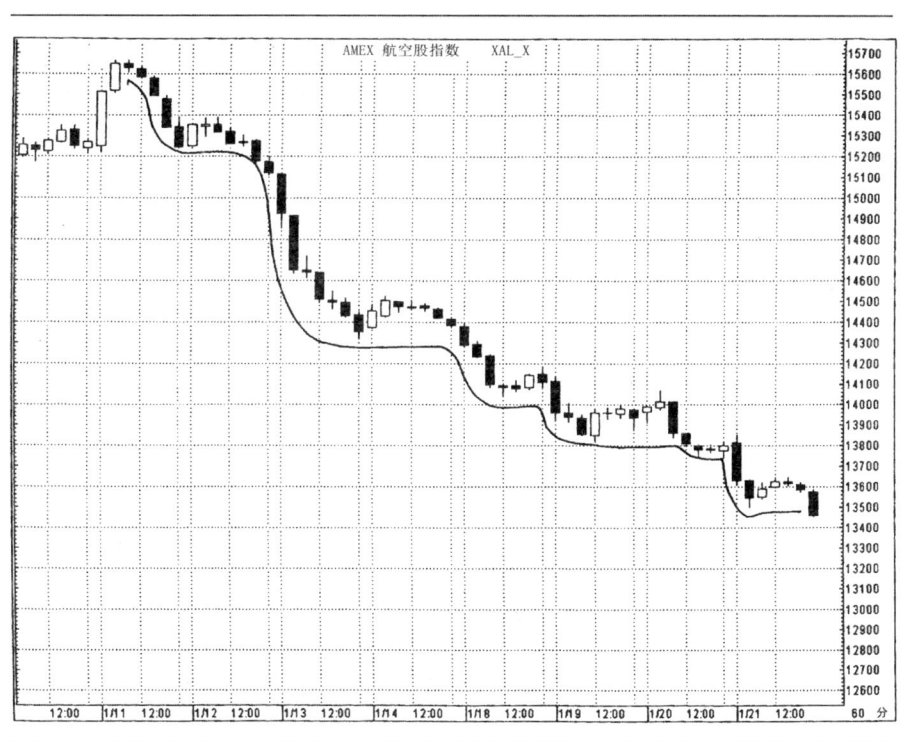

图 12-11　现在看起来还是超卖吗？

　　头肩线不会明确显示成反转信号，甚至 K 线信号的形成可能很慢。图 12-12 中，十字线终结了大幅下跌趋势。当日的上下影线都很长，而且交易量大于平均值，预示反转即将出现。

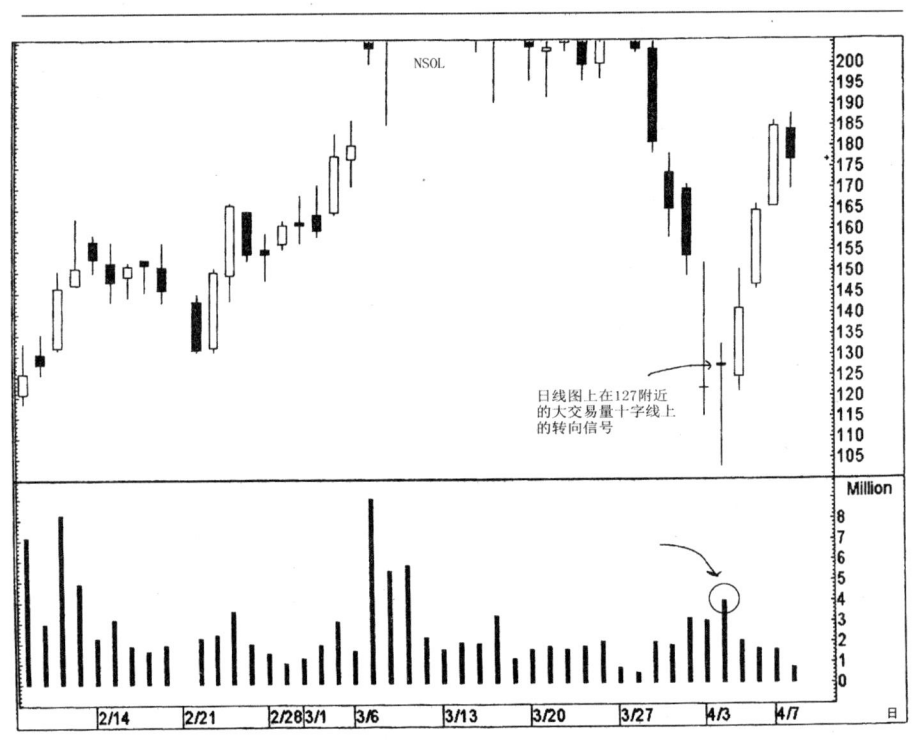

图 12-12　十字线终结下跌趋势

即使如此，图 12-12 中出现十字线时，买入信号并不明显，多空双方之间的争斗难分难解。图 12-13 是后续图表，十字线后出现了清晰的买入信号。5 分钟线图里出现了空头吞没形态，显示的信号比日线图清晰，因此看不同时间段的图通常很有必要，能找到强劲的进入或退出信号。

第12章 头肩线分析

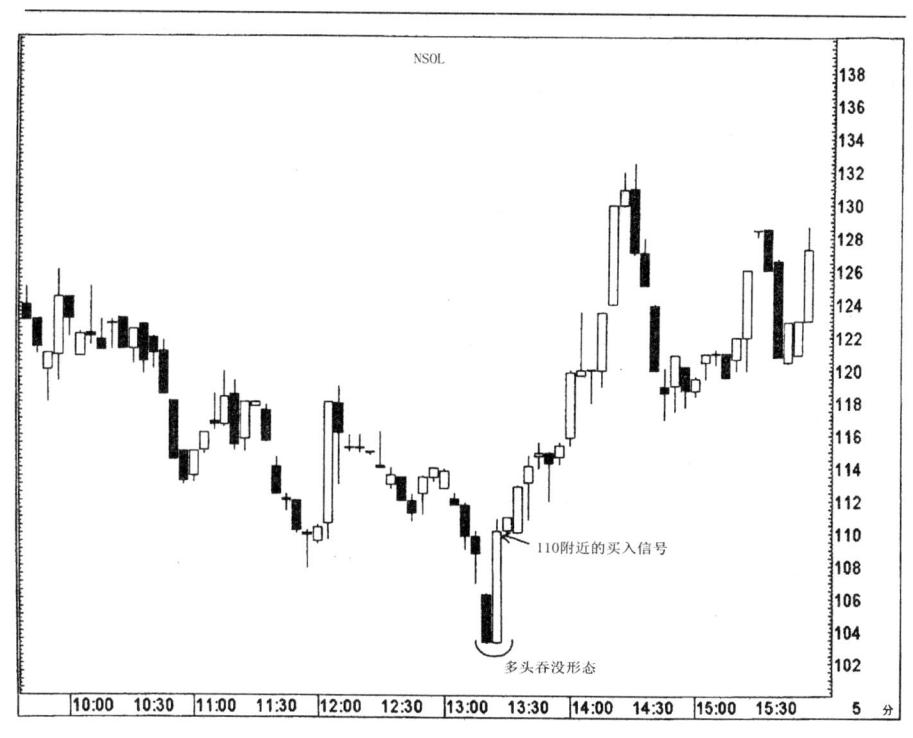

图 12-13 十字线后的买入信号

图 12-14 是另一个例子，价格逐日上涨，涨势强劲。但要问一问，支撑在哪里？价格上涨很快，很难确定将来会怎样。1月7日的白色 K 线下影线特别长，但这说明什么呢？

图 12-14　支撑在哪里？

图 12-15 回答了问题。这是同一时期的小时线图，1月7日的价格运动出现大幅跳空，然后价格上涨。图里的支撑非常明显，这也就容易把握时机了。

第12章 头肩线分析

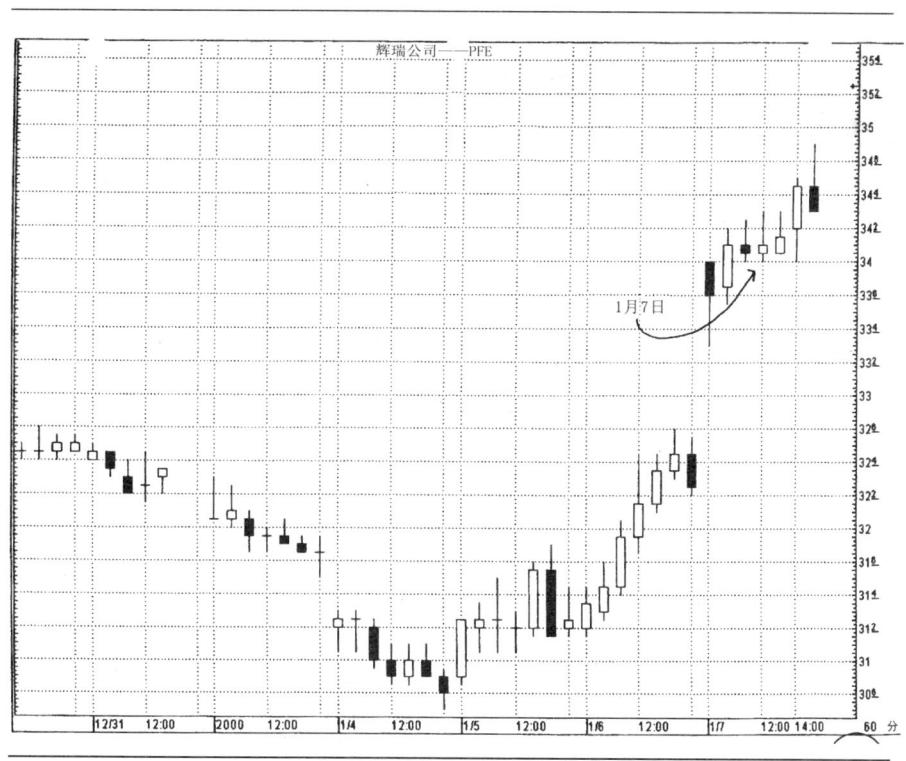

图 12-15 小时线图

再返回来看日线图，看看价格的下一步运行情况，就明白用小时线图进行确认的意义了。图 12-16 是日线图的后续，支撑线一目了然，位于 34 美元，刚好是下影线很长的同一白色 K 线的下线。此后，价格一路上涨。还可以把 34.4 作为第二支撑，也是原压力线。

图 12-16　小时线图

配合头肩线分析 K 线更能确定压力或趋势线的起点，这也说明东西方分析不是相矛盾，而是合作良好。

第12章 头肩线分析

自测题

1. 头肩线形态包括：(　　)

    A. 三个高峰，第二个高峰高于第一个和第三个。

    B. 是三个最低价的相反形态，第二个低于第一个和第三个。

    C. 趋势冲高下行，跌至颈线之下，或者在反状态下，趋势运行至颈线之上。

    D. 以上皆是。

2. 颈线是：(　　)

    A. 头肩线顶点的确定价格区。

    B. 头肩线价格反转后抵消的价格。

    C. 头肩线形成过程中的中点。

    D. 以上皆是。

3. 佛像顶部是：(　　)

    A. 头肩线的别名。

    B. 逐渐下跌的颈线价格。

    C. 顶部的反面，也是反价格下探或反头肩线的头部。

    D. 以空头吞没形态形式出现的反转点。

4. 头肩线被验证的条件是：(　　)

    A. 价格跌至颈线以下，或相反形态下价格涨至颈线之上。

    B. 出现第二个肩部，且价格反转。

    C. 出现单独的K线反转形态。

    D. 十字线出现时交易量达到高峰。

5. 趋势不明时，比较有意义的做法是：(　　)

    A. 假设最新的形态是假信号。

B. 研究短期时间段的图。

C. 画出移动平均线,找交点。

D. 等待 K 线出现清晰信号。

第13章

K线环境

我已经介绍了K线形态在所有时间段的作用，也讲了所有的西方技术信号和形态，这些信息都很有价值。如果习惯于用日线图，但看不透所有的信号，第一步就应该看看当日的小时线图、15分钟线图或5分钟线图。

例如，5分钟线图的图13-1中，出现了几个吞没形态，因为所选的时间段关系，趋势和反转频繁出现。但关键在于，如果是做日内交易，而不是隔天交易，这些短时段图就非常重要。

图 13-1 5分钟线图——吞没形态

前两个价格高峰都是以空头吞没形态终结,而且第一个高峰的底部也是空头吞没形态,并确立了非常明显的支撑线,可以说支撑线的重要作用等同于这个形态和反转的重要作用。注意在趋势继续上涨前,支撑线受到了几次检验。

图 13-2 是另一个例子。这是美国在线的 30 分钟线图,信号都非常明显。注意窗口或跳空之前出现了长下影线,之后又是一个跳空。面对这个形态,如何确定退出时间?几条 K 线后,风高浪大线引出了第一个不容乐观的黑色 K 线,这就是退出信号。

图 13-2　30 分钟图——风高浪大线发出退出信号

如果进行动力交易——日交易商中不乏其人,就要用到短时间段图来确定迅速变化的动力趋势。图 13-3 是 IBM 的 154 分钟图。刺透形态建立了支撑,而且第二个刺透形态做了验证。支撑有了,但何时退出?这种情况下,大幅跳空上涨是个麻烦,因为上行太快。如果预计会发生反转补空,退出信号无疑会很快形成。

图13-3 IBM的154分钟线图——刺透形态——买入和退出

市场环境

有时,强劲趋势持续的时间比预期长。如果是上涨趋势,人人都想着持续信号。日本人对此有句话来形容:"把梯子靠在云上。"这句话很形象,暗含警告。记住,上涨动力仅仅靠云来支撑,就是说随时会风云突变。请看图13-4中的例子。

第13章 K线环境

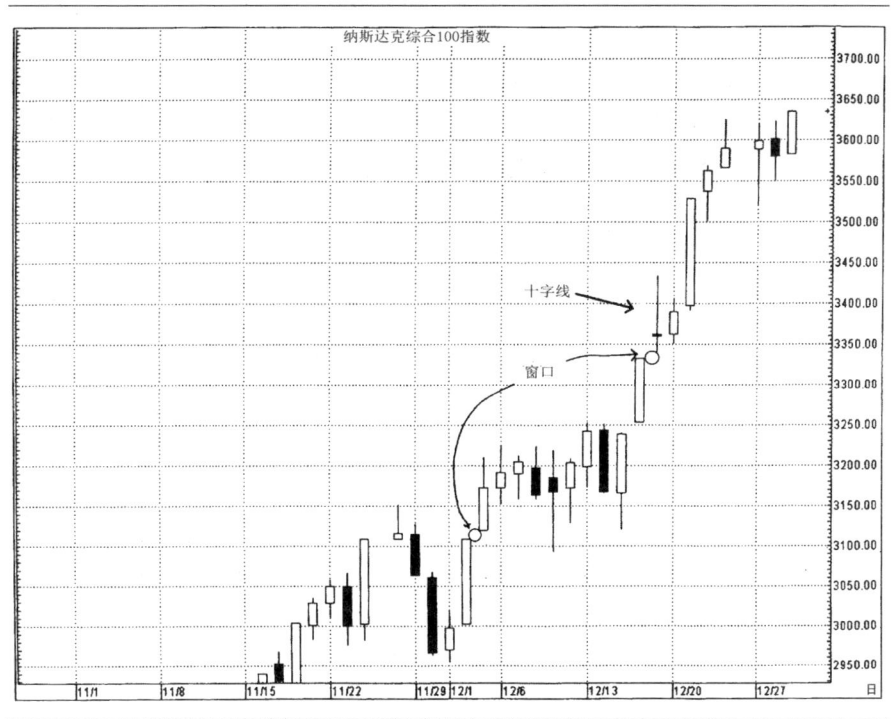

图13-4 置之于市场环境

这里信息很多。如果认为K线表达的是反转之意,而并非持续之意,就要看看其所处的市场环境。出现一系列窗口和其后的十字线——特别是十字线的上影线很长时——通常就是反转信号。但本例中价格继续上涨。实际上后面的价格运行中,还出现了后续的小窗口。为什么会这样?首先,十字线出现在价格创新高时,而且结合窗口形态,就是非常有力的上涨信号,也就是说,其动力比单一十字线要强。

再举个例子来说明环境问题如何影响对K线形态的解读。图13-5里出现了一个很长的黑色K线,之后是一个较小的白色K线。这是什么意思?后续几个K线里,支撑仍然有效。但注意这几个黑色K线的力度和韧劲，下跌趋势轻而易举击破支撑。

图 13-5　市场背景下的形态

信号可能是错误的或有误导性，因此就需要验证，但还要再看看信号所处的环境。例如，锤子线通常表示多头反转，典型的下影线表明多头意欲拉高价格的努力宣告失败，但大家看到过几次三个锤子线连续出现，而且一个比一个价格低？图 13-6 就是这个有趣的趋势。

第 13 章 K 线环境

图 13-6 环境中的 K 线

这个例子中，锤子线第一次出现时，空头措手不及。价格的确转向了，但出现在几个 K 线和大幅上升窗口后——算是延迟反应。这时就需要结合起来看，把 K 线和支撑、压力结合起来，如图 13-7 所示。

图 13-7　白色长 K 线后出现十字线

本例中白色长 K 线出现在十字线前，这是极性转换，之前建立的压力变成支撑。不知道极性转换就很难理解这张图。

解读图表需要主观判断。图 13-8 表明，信号可能不亚于水晶球。乌云盖顶形态不断出现，但没有一个是理想形态。我希望黑色实体收盘在前一个白色实体的中点之下，但没有一个 K 线延伸到那么低。

第13章 K线环境

图13-8 主观性

这个不太完整的信号延误了下跌趋势的出现。有时候，反转信号乏力时，形态即使一目了然也不足以确认。仅出现十字线与十字线和窗口同时出现就是这种情况，后者的信号更让人信服。请见图13-9中迅速形成的验证形态。

图 13-9　窗口十字线

十字线和窗口同时出现，但为了验证空头反转，还需要价格收盘低于窗口，这是基本条件。直到十字线之后的第三条K线这个条件才出现，但还是出现了。如果要遵循K线的验证原则，有时候需要耐心。

有些情况下，东西方技术还能彼此配合提供有力的验证。图 13-10 的乌云盖顶形态不是很理想，因为黑色K线并未深入到前一K线的实体中。但是这两天的上影线有一个不同但同样重要的特征：趋势未能维持形成的新高，这一点比回调重要，还是说明了K线必须结合环境分析。

第 13 章 K 线环境

图 13-10 东西方技术确认

集合

结合环境研究 K 线的概念引出一个同样重要的概念：信号集合，这是指一组东西方信号集中出现。相互验证的信息越多，信号越强烈。

图 13-11 非常好地说明了集合的含义。注意底部出现了锤子线和破低反涨，这两个本身都是很强的反转信号，但 RSI 也表明了非常强烈的上涨趋势，在价格下跌终结时显示了多头的相互背离。锤子线和破低反涨的出现验证了 RSI，预示上涨即将出现。

图 13-11 集合

集合，是不同信号——特别是东西方信号之间的相似之处。

图 13-12 是集合的另一个例子。多头吞没形态是强烈的反转信号并提供了新支撑，这些信息日后经过了长实体检验和十字孕线两次验证。

图 13-12 多头吞没形态和十字孕线

图 13-13 中也是下影线确立了新支撑,之后再次受到相似十字线下影线检验。十字线如期成为下跌趋势的底部和反转信号。

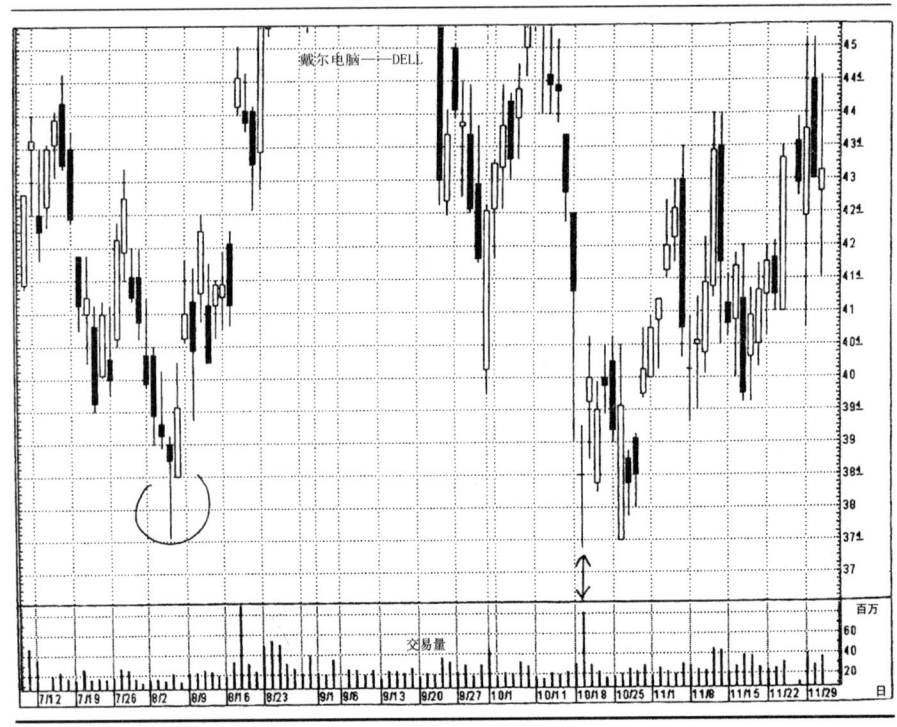

图 13-13　新支撑线

集合的另一种形式，是有力的趋势线集中体现在一个清晰的信号中。图13-14中，上涨压力很强，但是随着动力渐衰，问题出现了，顶部出现了几个非常小的实体，并且越来越小，最后出现十字线，接着就是下降窗口。十字线和长上影线是非常强的信号，表明价格冲高回落。

第 13 章 K 线环境

图 13-14 集合——多个小实体

图 13-15 的信号有些隐蔽，但同样重要。K 线倒是不难理解，反而很快能看出来，但必须结合市场和当前的条件。我曾经把一本日文书翻译成英文版，书中的至理名言是："要了解市场，就去问市场，这时候你才能成为市场上神秘莫测的高手。"恰如本例所示。

图 13-15　结合市场

这是什么意思？"问问市场"这种形态是什么意思，就能看出一些线索，知道如何适应市场。第一个线索就是下行的大幅窗口；随后第二个窗口出现，跌破了前一个窗口确定的压力，即水平线所指；那么会一直位于压力之上吗？我会等到价格上涨做出验证，不会根据表面的预示而采取行动。这种情况下，上涨动力消耗殆尽，价格回调。

图 13-16 显示价格上行至原压力，看似建立了压力。但持续时间并不长。下一个黑色长 K 线出现，表明价格即将回调，情况完全不一样了。

第13章 K线环境

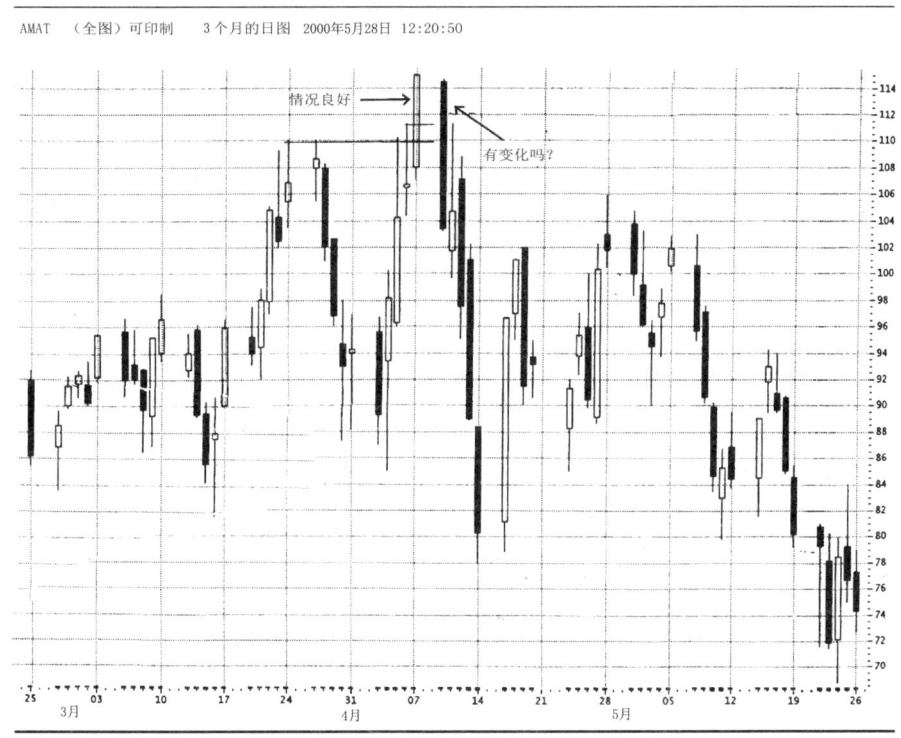

图13-16 价格回调

甚至是非常明显的信号在过了几个K线后才能尽显本色。图13-17中，乌云盖顶形态预示反转将来临，但随后的两条K线收于压力之上。这是一次检验还是说这是个假信号？下一条K线揭露了答案：下跌开始，而且又快又强。

图 13-17 乌云盖顶——适应市场

这又是从东方分析技术里学来的智慧，即"让多头尽情发挥"。在图 13-18 中，新的压力建立，然后在十字线后上涨。压力其实从空头吞没形态开始形成，但是价格并没有下跌，而是步步上行，然后出现了买入信号，压力显然很快变成了支撑。

第13章 K线环境

图 13-18 让多头尽情发挥

下一步如何呢？支撑线受到考验，暂时发挥了作用。同时，顶部出现了另一个空头吞没形态，之后价格回调，检验支撑，然后掉头上涨到顶部，出现流星线，随后就是几个小实体。这个姗姗来迟的信号明显是个空头反转。

在市场背景下研究形态，也说明了一个重要的交易概念：要判断形态里的风险和潜在回报。K线根本不能孤立使用，要研究大盘的技术状况。日本人还有句话："拉弓显示的是实力，放箭需要把握时机。"

图 13-19 的底部反转很清楚，就是注明的那个长下影线，但无法具体估计当时的风险。价格还在整理运动，真正的验证信号出现在第二个长下影线，说明这里是新支撑，上涨反转一目了然。

图 13-19 上涨反转

再看一个例子，表明检测风险/回报非常重要。图 13-20 中，多头吞没形态形状清晰，但没有独立的验证信号。最终价格在预期上涨时反而下跌。这表明，即使有些信号非常强烈，也会是假信号，因此需要验证，在确定时机时降低风险，扩大回报。

第 13 章　K 线环境

图 13-20　风险/回报需要验证

验证一般会随后出现，如图 13-21 所示。窗口之后即刻出现了空头吞没形态，这时可能会认为价格会回调补空，通常都是这样。但还没有验证，聪明的做法是等等下面的情况。尽管出现了这个信号，价格还是继续上涨，到后来空头信号乌云盖顶线出现。反转强劲，恰如反转信号所示，也验证了空头吞没形态预示的趋势，但只是太早了。

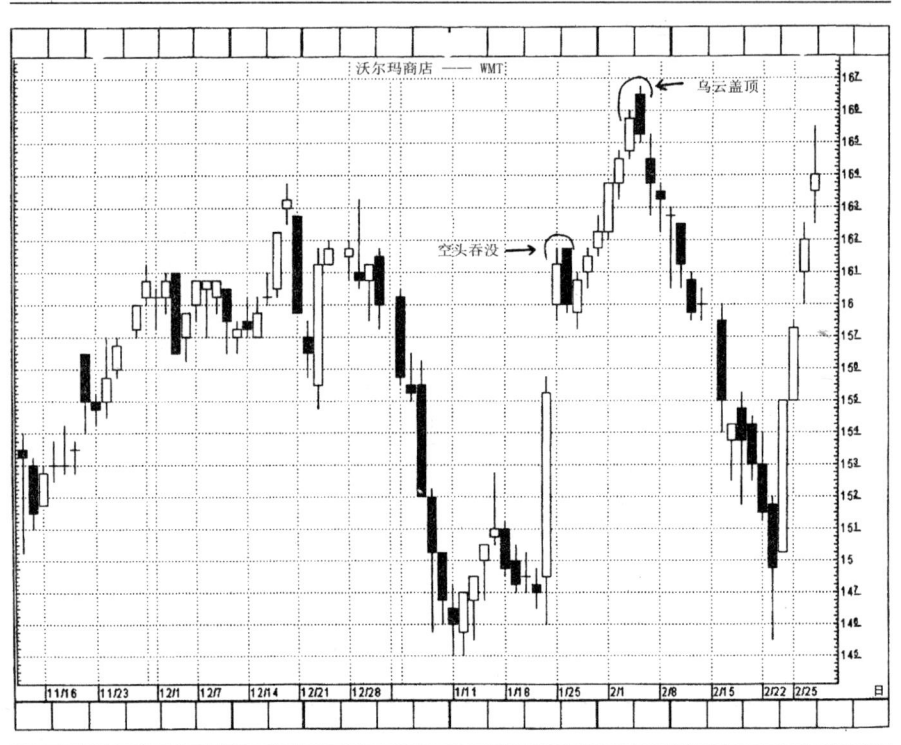

图 13-21　随后的 K 线做了验证

这类假信号和假验证——通常是因为反转推迟——表明把 K 线图作为分析工具的一个重要优势，即资本保全。图 13-22 中，价格在风高浪大线出现时达到新高，这个形态表明上涨趋势已经到头，是明确的退出信号，价格当然也立即回调，但利用信号更准确抓住时机，就能确保资金，争取最大利润。

第13章 K线环境

图13-22 K线和资本保全

找到尽量多的验证信号，才能将这些好处尽收囊中，这就包括了要找到东西方信号，但如果只笃信其中之一，而忽视重要的验证或矛盾信号，就犯错了。图13-23中出现了很多十字线验证信号。

图 13-23 十字线验证

首先出现的是不断上涨的趋势线，不断上涨的压力线。当然每个趋势最后都会终结，迅速增长的压力线也不会例外。上涨压力线（1）以流星线（2）结尾，这是即将反转的第一个信号。在 2a 出现的空头吞没形态还不是一目了然，但小时线图上就很容易看出来（请见图 13-24），然后移动平均线出现下跌相互背离。

第13章 K线环境

图13-24 小时线图——空头吞没形态

即使趋势线继续上涨，但动力越来越弱，在移动平均线上有所体现，之后出现一个非常小的实体，价格下探，接着就是上涨。最后一个窗口出现在5，是风高浪大线，随后价格很快下跌。

这样的综合分析表明东西方信号彼此合作，能够正确理解图表，提高准确把握时机的正确性。2a显示的信号并不清晰，在小时线图才能看清楚，如图13-24。

这里的形态更清楚，上涨趋势破高回落后出现短暂整理，然后就是大幅下跌跳空。这个时间段的图非常清楚，上涨趋势已经结束，因此不仅要结合东西方分析，还要再看看其他时间段的情况。

结语

　　K 线图能给技术分析增添很多重要信息。但记住 K 线图是众多工具之一，不是孤立的系统，因此我建议分析师把 K 线图作为其工具之一，而不是抛掉传统的西方分析技术。

　　授人以鱼不如授人以渔。我希望，这本书里的例子和说明对学习钓鱼技术有所帮助。专注学习和观察，就能发现 K 线图的秘密。我认为 K 线图辨认反转信号的能力无与伦比，虽然不是 100% 的准确，但可以说是我见过的最好的工具。在我看来，更让我兴奋的是，东方分析能如此默契地匹配西方分析并对其验证，我觉得就好像是车的两个轮子，彼此增强，两个轮子一起推动车子才能前进。

第 13 章　K 线环境

自测题

1. "K 线图背景"这一概念指：(　　)

   A. 适用所有时间段的形态。

   B. K 线图形态和西方信号之间的关系。

   C. 对接近新高或新低的信号的解释。

   D. 以上皆是。

2. 动力交易商找到精确指示的方法一般是：(　　)

   A. 根据上涨信号缩小交易选择，这些信号比大多数的下跌信号更有力。

   B. 出现特别强烈的信号时才采取行动。

   C. 用短期时间段的图找清晰的反转信号。

   D. 以上皆是。

3. 避免假信号，要依据：(　　)

   A. 信号之间的验证，包括东西方信号之间。

   B. 摆荡指标，其更加可靠，特别是发生相互背离时。

   D. 连续的 K 线图形态，这是找到反转的唯一方法。

   D. 以上皆是。

4. 信号集合是指：(　　)

   A. 趋势改变方向时，压力和支撑出现交点。

   B. 吞没形态时，前一个 K 线的实体中点出现交点。

   C. 东西方不同信号对同一个信息的验证。

   D. 摆荡指标从多头转向空头，或反之。

5. 风险/回报是重要的概念，在于：(　　)

   A. K 线有助于把握进入和退出的时机。

B. 信号相互验证。

C. 根据市场环境确定假信号。

D. 以上皆是。